英文書類や英語論文で必須の基本表現

これだけは身に付けたい基礎ルール

Rules for editing effective documents
and academic articles

東京電機大学客員教授
早稲田大学名誉教授

教育学博士

篠田義明

南雲堂

はじめに

『某大学の英語の先生が試験問題として提出してきた英文が，「文法・構文には間違いは見られないが，表現に無駄が多く，内容も幼稚なので大学の試験問題としては不適切だ」と英語のネイティブスピーカーから言われました。英語の先生方は沈黙しているだけで，何の反論もしていないので篠田先生のご意見をお伺いしたい』

という文面で，責任者からその英文が私に送られてきました。調べてみると，その英文はインターネットから取り出されたもので，英語を母語としていない国の人が書いたものでした。

今のICT時代は，どんな英語でも受け入れられる世の中ではありません。東京大学の斉藤兆史先生は，朝日新聞で「学校で使える英語なんて幻想だ」と書かれていました。これは「学校で教える英語は，卒業後の研究分野や実務の世界で使われる英語とは程遠い」ことを意味しているのです。

今まで学校で習ってきた英語の多くはゲームをしているようなもので，そのままでは実用の世界では不適切です。学校英語は必須です。TOEIC®も必須です。しかし，その域に留まっていてはゲームに興じているようなものです。基礎は大切ですが，論文や実務の世界では基礎だけでは通用しません。適切なレベルにまで上げなければなりません。

いろいろな大学や研究所で「英語論文の論理構成と正確な表現法」を，また，多くの企業でBusiness・Technical Englishを講義し，宿題を添削中に，英語自体がそのレベルに達していない受講生の多いのに気付きました。そこで，この分野に於ける英語の使用者のレベルを高めるためと，この分野に適応する英語を詳述した本が殆どないことと，上記の試験問題の英文が現実に即さないレベルであること，などに触発されて基礎ルールを本書に叙述しました。ルールを身に付けるには天才，秀才の必要はありません。習得しようとする意欲があればよいのです。今まで習ってきた稚拙な英語を真正，かつ適切な英語にレベルアップするのに本書を活用して戴ければ幸甚です。なお，中級コースに『ICT時代の英語コミュニケーション：基本ルール』（南雲堂），

上級コースに『科学技術英文の論理構成とまとめ方』（南雲堂）があり，必読に値します。

　R.R. Jordan（1997）は，*English for Academic Purposes* で，イギリスの大学で学んでいて，英語が母語でない大学院生が書いた英文で一番多い誤りが Vocabulary，次が Style だと指摘しています。同じく研究職の方々の書いた英文で一番多い誤りが Style，次が Grammar，次が Vocabulary だと特記しています。順序は違うが弱点は共通しています。本書ではこれらの問題の解決法も詳述し，演習問題も添えました。

　本書は，東京電機大学の畠山省四朗先生，汐月哲夫先生，石川潤先生，中村明生先生，岩瀬将美先生，他の先生方のご協力がなかったら完成しませんでした。特に中村明生先生には全原稿をお読みいただき，貴重なご助言を戴きました。ここに厚く御礼申し上げます。また，本書の刊行をご推進してくださった南雲堂の岡崎まちこ氏と編集の加藤 敦氏に衷心よりお礼申し上げます。

平成 26 年 11 月 3 日
篠田 義明

目次

ルール 1	学校英語と実務英語の相違		7
ルール 2	幼稚な英語（Weak verbs）から脱皮		14
ルール 3	多くの日本人が誤解している英語		17
ルール 4	英語のスタイルに注意		19
ルール 5	大切な準専門用語と専門用語		22
ルール 6	One word・one meaning を順守		30
ルール 7	名詞と動詞・形容詞の相性		36
ルール 8	注意すべき名詞の形容詞用法		40
ルール 9	極力避けよう句動詞		48
ルール 10	極力避けよう否定文		51
ルール 11	状況で判断しよう受動態		53
ルール 12	乱用を避けよう It is ... to [that] 構文		56
ルール 13	極力避けよう There 構文		58
ルール 14	従属文を主語(部)に		60
ルール 15	話題の中心語が主語		62
ルール 16	不要語を削除		66
ルール 17	不要な関係代名詞		69
ルール 18	効果のある関係代名詞		72
ルール 19	大切な挿入句		75
ルール 20	接続詞 and に注意		77

ルール 21	文を羅列しても意味不明	79
ルール 22	極力避けよう代名詞	86
ルール 23	並列関係は同じ形で表現	89
ルール 24	however, therefore などの誤用	92
ルール 25	述べる順序に注意	96
ルール 26	略語の種類と作り方	101
ルール 27	カタカナ英語に注意	104
ルール 28	無視できない句読法	106
ルール 29	有益な辞書	131
ルール 30	参考書	131
参 考	Presentation で用いる英語	132
解 答	練習問題の解答	139

ルール1　学校英語と実務英語の相違

　英語を教える段階では，分かりきったことでも英語で言ってみることが多い。例えば

　　「鳥は空を飛ぶ」

を英語では何と言うか。これを

　　Birds fly in the sky.

と英語で表現すると，学校の試験では sky は間違いで air が正しいから，その誤りだけが点数から引かれる。しかし，実務の世界では内容が間違っているから 0 点である。また，学校では教師は

　　Birds fly in the air.

と理由なく直し，通例，そのように覚えなさいと言って，理由を説明しないことが多い。実用文では「**自明の理**（truism）」，つまり，「**分かりきったことを言うと軽蔑されるので言わない**（Don't state obvious facts.）」というルールがある。

避けよう幼稚な英語（Avoid the primitive English）

　ここでアメリカの小学校1年生，2年生，6年生レベルの科学を中心とした英語を紹介しよう。

The first grade

Look at an airplane in the air.
We can see the airplane.
It has a shape and color.
But we cannot see air.
We feel air.
Tell how you know air is real.

The second grade

This factory has many electric wires.
The electricity for a factory is very strong.
The electricity is not the same as in your home.
The electricity comes from a powerhouse.
Tell which objects work by electricity.

The six grade

A compass needle is a magnet, and only magnetism can make it move.
Whenever there is an electric current, it sets up a magnetic field. If the current is steady, or unchanging, the magnetic field is also unchanging. However, when you talk into a transmitter the current is not steady, and the electric vibrations in the wire send out electromagnetic waves. These waves spread around the world and out into space at the speed of light.

篠田義明：『科学技術英語の正しい訳し方』(20-31)（南雲堂）

　学校での，これらの指導目的は英語の単語と構文を教えるだけである。The first grade も，The second grade も，The six grade も何を教えたいのだろうか。まず，目的が判らない。科学技術の分野や実務の世界で大人同士は，英語で

Look at an airplane in the air.

や，日本語で

「空を飛んでいる飛行機をご覧なさい」

などとは言わないだろう。もしも，こんなことを言ったら，「だから何ですか」「何が言いたいのですか」のような質問をされるだろう。逆に

「空を飛んでいる飛行機をご覧なさい」

を学生に英語で言わせると

Look at an airplane which is flying in the sky.

と言い，先生はこの英語に何も言わないで認めてしまうだろう。airplane は sky では飛べないのである。接頭語の air- からも連想できよう。科学技術の世界や実務の分野では which is flying は冗語（redundancy）である。

We can see the airplane.

も何が言いたいのだろうか。

　The second grade の

This factory has many electric wires.

も何を教えたいのだろうか。実務の分野では，「工場」は，今は factory ではなく plant である。powerhouse も科学技術の分野では power plant である。The six grade も electric current（電流）から electrics field（磁場），electric field から electromagnetic waves（電磁波）と説明されているが，だから何だろうか。A compass needle（方位磁石の針）も科学技術の専門分野では A compass pointer（方位磁石の指針）である。

・・・・・・・・・・・・・・・・・・・・・・・・・・・・・・・・・・・・

　これら小学校の英語のテキストは英語の単語と構文を教えることを目的としており，**読み手に何を伝えたいのかは目的としていない**。従って，読み手に行動は期待していないし，英語を母語とする欧米の大人に

は無価値である。科学技術の分野では Avoid the primitive English. と言いたい。しかし，学校ではこれが指導目的なのだ。科学技術や実務の世界では，このような世界の英語を聞くと疲れるだけで，何の利益もないだろう。

無視できない機能語（Function words）

「**機能語**」とは，その語自体は内容のない語，つまり，**前置詞**，**関係代名詞**などを指す。日本語では格助詞に当たり，「〜が」「〜は」などをいう。

私が中学校で習った英語の本には，

There is a book on the table.
The book is thick.

のような英語があり，前者を「机の上に本<u>が</u>ある」と訳し，後者を「その本<u>は</u>厚い」と訳したことを思い出す。この下線をした「が」と「は」は交換できない。つまり「机の上に本は ある」「その本が厚い」とすることは出来ない。最初の英文の「が」は未知（unknown）の「が」，2番目の英文の「は」は既知（known）の「は」といえる。

・・・

科学技術や実務の世界で問題を起こしているのは「このシステムが悪い」と「このシステムは悪い」の相違である。「君が悪い」と「君は悪い」の違いにも適用できる。この相違が英語で表現できなければ英語の実力があるとは言えないだろう。法律問題にまで進展する可能性があるからだ。

学校英語と実務英語の相違

「このシステム**が**悪い」

は文法と構文を中心に指導する学校英語ならば,

This system is bad.

で許されるだろう。しかし，実務の世界では，こんな曖昧で幼稚な英語は許されない。

Now, this system does not work properly.
　　あるいは
Now, this system is not accepted.

などになり,

「このシステム**は**悪い」は

Usually, this system does not work properly.
　　あるいは
Usually, this system is not accepted.

などになる。

　理由は簡単である。「空が青い」と「空は青い」の違いである。前者は「**今**，空を見ている」のであり，後者は「空は，**何時も**，青い」ことである。従って，これを英語にすると，前者は Now the sky is blue. となり，後者は The sky is *always* blue. ということになる。

・・・・・・・・・・・・・・・・・・・・・・・・・・・・・・・

　次の様な違いも習得しておかなければならない。

「ロボットの腕は長い」　　　　　　　　　　　　　……… (1)
「ロボットは腕が長い」　　　　　　　　　　　　　……… (2)

で,「長い」を long と考えて,

The arms of this robot are long.　　　　　　　……… (3)

のように (1) と (2) を (3) のような一つの英文で片付けてしまう人が多い。なかには, (2) を

× **This robot is long arms.**　　　　　　　　　　……… (4)

とする人もいる。これは，「このロボットは腕が長くある」と考えて，「～ある」は be 動詞で表現できると思い込んだ結果生じた誤りである。He is a boy. の場合は He ＝ a boy で等価が成立するが，This robot ＝ long arms の式は成立しないので，(4) は認められない。

　「このロボットは長い腕を持っている」
と考えて，

This robot has long arms. ……… (5)

とすることにより正しくなるが，読み手はどのような印象を抱くだろうか。幼稚（childish）である。has を is equipped with にするとよい。

　(1) と (3) は，「ロボットの腕と他の部分」，あるいは，「ロボットの腕と他の動物の腕」などを比較した表現である。つまり，

The arms are long.
However, the legs are short.

とか，

The arms of this robot are long.
However, the arms of this puppet are short.

のような意味合いを出す。
　(2) と (5) は

　「このロボットという製品は腕が長い」

ことを言っているに過ぎない。**主語に前置詞句や関係節が続くときには，その主語が正しい用いられ方をしているか否かに絶えず注意をするべきである。**

　まだ機能語や内容語（Content words）など枚挙に暇が無いので後述する。

ルール2　　幼稚な英語（Weak verbs）から脱皮

　be, do, feel, get, give, have, like, look, love, make, take, use などのような単音節の動詞は，**多義語**（Polysemous words）と言われ，いろいろな意味を持つので，内容を曖昧にする。私はこれらの語を Weak verbs と呼んでいる。会話やそれと同じような状況では用いてもよいが，**格式ばった場合や論文などでは避けたほうがよい**。

・・・・・・・・・・・・・・・・・・・・・・・・・・・・・・・

　そこで，
「**ABC 社は電算機メーカーです**」は，

　　The ABC Company *is a maker* of computers.

では，構文，文法は正しいが，maker では「個人」を指すことになる。企業について述べたいのであれば，

　　The ABC Company *is* a manufacturer of computers.

だが，is 多義語であり，manufacture には動詞があるので，

　　The ABC Company *manufactures* computers.

が実用英語といえる。

・・・・・・・・・・・・・・・・・・・・・・・・・・・・・・・

　次の例はどうだろうか。
「**そのような故障は先月あった**」は，

　　Such a trouble *was* last month.

では，was が曖昧である。そこで，

　　Such a trouble *occurred* last month.

が明確である。

・・・・・・・・・・・・・・・・・・・・・・・・・・・・・・・

「後輪は後輪フォークで支えられている」は,

    The rear wheel is *kept* by the rear-wheel fork.

では, kept が曖昧である。そこで,

    The rear wheel is *supported* by the rear-wheel fork.

が明確である。

・・・・・・・・・・・・・・・・・・・・・・・・・・・・・・・・

「明日, 新しい計画の青写真を入手するでしょう」は,

    We will *get* a blueprint for the new plan tomorrow.

では, get が曖昧である。

    We will *receive* [または *buy*, *choose* など] a blueprint for the new plan tomorrow.

などのほうが明確である。

・・・・・・・・・・・・・・・・・・・・・・・・・・・・・・・・

「自動車はガソリンを使う」という日本文に

    A car *uses* gasoline.

は, uses が曖昧である。そこで,

    A car is *driven* [または *operated*] on gasoline.

が格調がある。

・・・・・・・・・・・・・・・・・・・・・・・・・・・・・・・・

「このコンピューターは直流を使用する」は, 日本語も曖昧であるから, このまま英語で

    This computer *uses* DC.

では use が曖昧である。したがって,

    This computer *is operated* on DC.

がよい。

幼稚な英語（Weak verbs）から脱皮

★★★練習問題★★★

次に和文に対する英文が与えられている。それぞれの英文を読んで，weak verb を formal な動詞で書き換えなさい。

1. 「部品の点検が行われた後で，試験が繰り返された」
   After the parts checks were made, the test was repeated.
   _____
   _____

2. 「新式ロボットには頑丈な腕が付いている」
   The new robot has the strong arms.
   _____
   _____

3. 「この扇風機は振動が激しい」
   This electric fan gives too much vibration.
   _____
   _____

4. 「雨水は鉱石や岩石に直接の溶解作用を有する」
   Rain water has a direct solvent action on minerals and rocks.
   _____
   _____

5. 「学会では，その実験が推薦された」
   The recommendation of the experiment was made at the conference.
   _____
   _____

(答えは 139 ページ)

ルール3　多くの日本人が誤解している英語

　小学生なら同じ小学生の異性に "I like you." と言っても，あまり騒がれないが，状況にもよるが，初めて会った大人が異性に言ったら騒然とするだろう。昨今は，パワハラとかセクハラという言葉が頻繁に使われてきているので，使用する英語に注意をした方がよい。米国の中西部では，"Have a nice day?" ではなく，"Have a great day." を nice の代わりに使う傾向がある。nice には「性的関係を持つ」ような意味合いがあるからだ。

・・

　次のような日常頻出する英語が，実際に意味するところを検討してみよう。

1. 質問された方が質問者に "(That's a) good question." と言ったが，この意味するところは。
2. Please sit down. どこへ座ったらよいだろうか。
3. 「私の話を聞いてくれませんか」に Listen to me. とか Please listen. と言ったら相手に与える心境は？
4. 「あなたは間違っています」に You are wrong. では，相手に与える心境は？
5. 「これから友達に会いに行くのです」に I'm going to meet my friend. と言うと，言われた方の心境は？
6. 「サインを戴けますか」に Can I have your sign? は不可。ではどう言ったらよいだろうか。
7. 相手が "Thank you." と言ったら，「どういたしまして」の英語は？
8. How do you like your new iphone? と聞かれて，それに応対する英語は？
9. 「そろそろ退席しなければなりません」に I have to go. では，相手はどう解するだろうか。

10. 日常聞いてはならない個人に関する質問（personal questions）：

Are you married?（結婚していますか）
What is that accent you have?（貴方のその訛りは何ですか）
Where is your wife from?（奥さんは何処の出身ですか）
Do you have children?（お子さんはいますか）
What is your religion?（貴方の宗教は何ですか）
When were you born?（貴方のお生まれは，いつですか）
When did you graduate from high school?
（いつ高校を卒業されましたか）
Did you graduate from college?
（あなたは大学を卒業されましたか）

解説

1. *Macmillan English Dictionary* などには Used as a way of saying that you do not know something.（何か知らないということを答える方法として使われる）と説明している。

2. 何処に座るのかが定かでない。「椅子に座る」のなら Have a seat, please. である。

3. Listen to me. とか Please listen. はひんしゅくを買うことがあるので注意。使用しない方が良い。

4. You are wrong.「あなたは間違っている。ダメだ」のことで強い。「あなたは間違っています。」では，日本語でも強いので，I'm sorry, but I have a different opinion.（申し訳ありませんが，私は別の意見を持っています）ぐらいが良い。

5. この英語では，いま会っている人は友達でなくなる。I'm going to meet a friend. とか I'm going to meet another friend. が良い。

6. Can I have your signature? か，簡単に，Your signature, please. でよい。

7. Thank you. に対して You are welcome. は，あまり聞かない。Sure. とか No problem. が普通のようだ。

8. 「素晴らしいです」「いいですよ」などと答えたいときは It's great. とか It's really good. とか I really like it. が良い。

9. I have to go. は「トイレに行く」ことを意味する。I have to be going. とか I need to be going. が良い。I must leave, now. でも良い。参考までに He has to go. は「彼は首だ」の意味で使われることがある。

ルール3

ルール4　英語のスタイルに注意

　企業で働く日本人の一番の弱点は英語のスタイルである。論文でも，契約書でも，提案書でも，カタログでも，説明書でも，インストラクションでも，それぞれ決まったスタイルがある。これを無視して書かれては企業では仕事が進まなくなる。車でも乗用車，スポーツカー，レーシングカー，など，それぞれのスタイルがある。乗用車でレースをするのは無謀である。英語も同じことが言える。

・・・・・・・・・・・・・・・・・・・・・・・・・・・・・・・・

　次に，

　　「使用する前に，いかなる故障部分も取り換えなければならない」

を論文調，報告書調，契約書調，提案書調，インストラクション調で表現してみよう。

　まず，学校で習った教科書（テキスト）調で表現すると次のようになる。

> **Before using the machine, we must replace any defective parts.**

論文調では，

> **All defective parts *must* be replaced before you operate the machine.**

あるいは，

> **All defective parts *require* to be replaced before operating the machine.**

となり，報告書調では，

> **All defective parts *needs* to be replaced before operating the machine.**

契約書調では，

> **All defective parts *shall* be replaced before operating ....**

と法律の shall を用いることに注意。提案書調では，

All defective parts *should* be replaced before operating ...

のように提案の should を用いる。

インストラクション調ならば，次のように命令文にするのが普通である。

Replace all defective parts before operating the machine.

したがって，翻訳に際し，訳者は，どれかに決めなければならない。

....

「当社のカメラは軽量です」

に対して，カタログ調ならば

Our camera is lightweight. が

The ABC camera is ....

になる。ここで ABC にはモデル名か社名がくる。

マニュアル調ならば「当社のカメラ」が「お買い上げのカメラ」になるので，

The ABC camera is .... が

Your camera is ....

となる。

翻訳に際しては，論文調か，契約書調か，提案書調かなど，いずれの **style** で書くかを絶えず念頭におかねばならない。

★★★練習問題★★★

次の日本文を論文調, 契約書調, 提案書調, 説明書(マニュアル)調, インストラクション調で英訳しなさい。

「ハンダごての先は，仕事を開始する前にきれいにしなければならない」

論文調
_____
_____

契約書調
_____
_____

提案書調
_____
_____

説明書(マニュアル)調
_____
_____

インストラクション調
_____
_____

(答えは 140 ページ)

ルール5　大切な準専門用語と専門用語

　専門用語は人間の名前，地名などと同じで，決まっているので勝手に作ったり，訳したりできない。まず，英語で書かれた名刺を見ると驚くほど自己流に書いている現象に気付くことがある。例えば，

1. 「東京都港区芝公園 1-2-3」を，
   1-2-3, Shibapark, Minatoku, Tokyo, 105-0011, Japan
   と書いたり，

2. 「千葉県市川市市川 1-2-3」を，
   1-2-3 Iti River, Iti River City, Chiba Prefecture, 272-0034, Japan
   と書いた名刺があった。

3. 「東京都港区浜松町 1-2-3」を，
   1-2-3 Hamamatu-city, Minatoku, Tokyo, 105-0011
   と書いてあった。東京の浜松町を Hamamatu-city と書くと静岡県の浜松市になる。

封筒などでは，英語では住所は次のように通常は 2 行で書く。

1. 1-2-3 Shibakoen, Minato-ku
   Tokyo 105-0011 Japan
   が正しい。コンマは Minato-ku の前だけに打つ。

2. 1-2-3 Ichikawa, Ichikawa-shi
   Chiba 272-0034 Japan
   が正しい。コンマは Ichikawa の後だけに打つ。

3. 1-2-3 Hamamatu-cho, Minato-ku
   Tokyo 105-0011 Japan
   が正しい。コンマは Minato-ku の前だけに打つ。

　住所は「千葉県」を Chiba Prefecture と訳したり，「東京都」を Tokyo-to などと -to を書く必要はない。

大学受験の英作文では，単語が分からなければ別の単語で書きなさい，のような指導を受けたことがある。大学受験では許されるが，実用英語では読み手が理解できなかったり，誤解するので，**「決められた用語」を使用するべき**である。

・・・・・・・・・・・・・・・・・・・・・・・・・・・・・

　飛行機の「機内に持ち込む手荷物」の説明を受けてた日本人の客が英語の単語が分からなくて

a baggage which I can bring in this airplane

と言ったが，ゲートの係員は理解できなかったそうである。baggage には不定冠詞の a は付かないし，baggage だと通常は機内に持ち込めない。「手荷物」は carry-on bag が正しい英語である。

・・・・・・・・・・・・・・・・・・・・・・・・・・・・・

　私の友達とアメリカへ行ったときのことである。飛行機の乗り換え空港で，友達が「飛行機に酔ったらしい」と言うので，薬を買ってきたら，と進言した。数分後，真っ青な顔をして帰ってきたので，「顔色が悪いよ。どうしたの，大変だね」と心配したら，友達は「薬屋が薬を売ってくれないんです」とこわごわと小声で言うのである。「あんたは何と言ったの」と聞いたところ，

"I want to buy a drug."

と言ったというのだ。drug は麻薬のことで，「麻薬が買いたい」と言ったのだから，叱られるに決まっている。「乗り物酔いの薬」に対する英語，motion sickness と言うべきだったのである。

　身の回りの単語や自分が研究している分野の単語は正確に習得することを勧める。

・・・・・・・・・・・・・・・・・・・・・・・・・・・・・

日本の飛行場で

Never put a thing which has legs covered with rubber on the cabinet.

という英語に遭遇したことがあった。文法的には正しいが何をcabinetの上に置いてはいけないかが理解できなかった。

a thing which has legs covered with rubber

とは何だろうか。日本語は

「キャビネットの上にゴム足の付いた物を置かないでください」

と書いてあった。この日本語から判断して a thing which has legs covered with rubber は rubber legs だと分かった。leg は「太ももの付け根から足首まで」のことだから，ここでは「足首から先」なら foot だろう。そこで,

Do not put anything with rubber foot on the top of the cabinet.

と言いたかったのだろう。実務の世界や科学技術の分野では anything *which* has ... とか foot covered *with* rubber などのように**単語は関係代名詞や前置詞などを使って説明してはならない**。曖昧で読み手が判断しなければならないからである。

単語，つまり vocabulary を大別すると次のようになる。

1. 内容語 (Content words)
1.1 基本語 (General English words)
1.2 準専門用語 (Semi-technical terms)
1.3 専門用語 (Technical terms)
2. 機能語 (Function words)

1.1 「基本語」

　基本語とは，学校英語のことで，日常会話などでは使用が許されるが，正式文書での使用は避けられる。学校英語は幼稚で曖昧なことが多いから実用英語では避けた方がよいことが多いのである。

1.2 「準専門用語」

　準専門用語とは，常識人が，日常生活でも，実用や研究面でも使っている名詞を指す。例えば，

1. 「冷蔵庫」
2. 「電子レンジ」
3. 「モーニングサービス」
4. 「テーブルスピーチ」
5. 「(学校の宿題を書いた)レポート」

などである。これらを英語で表現してみよう。

1. **refrigerator**
2. **microwave (oven)**
3. **special rate in the morning**
4. **after-dinner speech**
5. **(term) paper**

である。
　単語は正確に覚えなければ，覚えない方が良いだろう。誤ると相手に間違った情報を伝えることになるばかりか，身の危険に巻き込まれることにもなりかねない。

正確性を左右する第一の要因は単語である。単語は将棋の持ち駒と同じで，ひとつでも多く身につけていれば，それだけ表現力や理解力が増すことになる。そこで「英語が弱い」，「英語が口から直ぐ出ない」，と思う人は，日常われわれが使う**身の回りの日本語の名詞に対応する英語の単語を習得する**ことを勧める。

★★★練習問題 1 ★★★

Translate into English.

1. 「電気掃除機」 → _____
2. 「蛍光灯」 → _____
3. 「コンセント」 → _____
4. 「ドライバー（ねじ回し）」 → _____
5. 「マジックペン」 → _____
6. 「自在スパナー」 → _____
7. 「接地（アース）」 → _____
8. 「コンデンサー」 → _____
9. 「高速道路」 → _____
10. 「地下鉄」 → _____
11. 「庭」 → _____
12. （学生の）レポート → _____

（来週の月曜日までにレポートを提出しなければならない）
→ _____

（ロボットのアームに関するレポートを書く）
→ _____

（解答は 141 ページ）

推薦辞書

『ルミナス和英辞典』研究社
『ジーニアス英和辞典』大修館書店
McGraw-Hill: *Dictionary of Scientific and Technical Terms*『科学技術用語大辞典』日刊工業新聞社

★★★ 練習問題 2 ★★★

Translate into English.

1. 「単三(乾)電池」 → _____
2. 「工作機械」 → _____
3. 「サービスマン」 → _____
4. 「モーニングサービス」 → _____
5. 「速度計」 → _____
6. 「エレベーター」 → _____
7. 「ガソリン」 → _____
8. 「フリーサイズ」 → _____
9. 「ペンチ」 → _____
10. 「首振り扇風機」 → _____
11. 「テーブルスピーチ」 → _____
12. 「メーカー（自動車メーカー）」→ _____

（解答は143ページ）

1.3 「専門用語」

　専門用語は，それぞれの分野で決まっているので，決まった用語を使わなければならない。ほとんどの用語が**一語一義**（One word・one meaning）であろう。

　基本語に接頭語（prefix）と接尾語（suffix）が付いて長くなっているので，未知の単語でも接頭語，接尾語を知っていれば，意味は理解できるのである。従って**接頭語と接尾語の習得**を勧める。

　　antifreeze → anti + freeze
　　「反，排，抗，対」＋「凍る」→（不凍液）

　　proceed → pro + ceed
　　「前へ，前，…に応じて」＋「引き渡す，論点を認める」→（前進する）

　　triangle → tri + angle
　　「3，3倍の，3重の」＋「角，角度」→（三角形）

次の単語の意味を想定してみよう。

　　a- (not)　　　　　　amoral, aperiodic, asocial
　　ab- (separate)　　　abnormal, absence, absolve
　　anti- (before)　　　antedate, anteroom, antemortem
　　bi- (two)　　　　　 bilingual, bihourly, bimotor, bicolored
　　circum- (around)　 circumnavigate, circumlunar, circumlocution

上のそれぞれの単語について括弧内の日本語が想定されるであろう。

　amoral（道徳外の），aperiodic（非周期的の），asocial（反社会的な）

　abnormal（異例な，変則な），absence（不在の），absolve（放免する）

　antedate（〜に先立つ），anteroom（控え室），antemortem（生前の）

　bilingual（2ヶ国語を話す［人］），bihourly（2時間毎の），bimotor（2基の発動機を備えた），bicolored（2色の［物］）

　circumnavigate（［世界を］周航する），circumlunar（月を巡る），circumlocution（婉曲な言い方）

★★★ 練習問題 3 ★★★

Tell the meaning of each word.

1. anti-ferro-magnetic
   _____

2. pros-tate
   _____

3. tri-atomic
   _____

4. cir-cum-ference
   _____

5. bi-cycle
   _____

6. doc-tor
   _____

（解答は 144 ページ）

詳しくは，拙著『ICT 時代のコミュニケーション：基本ルール』（南雲堂）を参照することを勧める。

大切な準専門用語と専門用語

ルール6　One word・one meaning を順守

1. 抽象語より具体語を使用

　big, long, connect, use などは日本語でも曖昧である。**科学技術英語では１つの単語が１つしか意味を持たない明確な語の使用**を勧める。つまり，One meaning in one word（一語一義）の語を選定し，使用するのが鉄則である。

　「川」を英語学習者の殆どの日本人は英語で river と言うが，これではどんな川か曖昧で，伝達者と被伝達者との間に，ある種のギャップが生じる。

> 民話の桃太郎の冒頭
>
> 「むかし，むかし，あるところに，おじいさんとおばあさんが，すんでいました。おじいさんは，やまへしばかりに，おばあさんは，かわへせんたくにいきました。」

を翻訳して，

> **Once upon a time there lived an old man and old woman in some place. The man went to the mountain to mow the grass and the woman went to the river to wash their clothes.**

では，文法上は正確だが単語の選択がいい加減で，内容が把握できないから科学技術分野や実用分野の英語では失格である。

> **In 880, an old man and an old woman lived in a small village. The man went to the hill to correct twigs and the woman went to the brook to wash their clothes.**

位に翻訳すると内容も理解できる。river は海に直接注ぐ川で，洗濯する川は brook か creek で，飲み水を提供してくれる川は stream である。

「昨日は高速道路は車で混雑していた」

Yesterday highways in Tokyo were crowded by cars.

では，曖昧な上に間違った内容を伝えてしまう。

Yesterday, freeways in large cities in Japan were crowded with cars, buses, and tracks.

でなければならない。highway は「公道, 県道」である。cars では「（四輪）乗用車」だけになる。bus も track も走っている筈だ。乗用車, バス, トラックの順に多く走っているので, 例文のような順序で記載した。順序については 96 ページ参照。

・・・・・・・・・・・・・・・・・・・・・・・・・・・・・・・・

同様に,「植物」を plant としたのでは曖昧である。

　plant（植物）
　　↓
　tree（木）
　　↓
　conifer（針葉樹）
　　↓
　pine（松）

の順で明確になることが分かろう。

・・・・・・・・・・・・・・・・・・・・・・・・・・・・・・・・

connect（結合する）よりは bolt（ボルトでつなぐ），screw（ねじで留める），weld（熔接する）のほうが明確である。

・・・・・・・・・・・・・・・・・・・・・・・・・・・・・・・・

「長い時間」を long hours,［短い］を short hours としては英語としては正しいが，曖昧だから, 5 hours とすると明確になる。

・・・・・・・・・・・・・・・・・・・・・・・・・・・・・・・・

One word・one meaning を順守

「柔らかい布」も soft cloth と訳しがちだが，どの程度柔らかいのか見当がつかないので，cotton cloth（綿布）などとすることにより明確性が出る。

・・・・・・・・・・・・・・・・・・・・・・・・・・・・・・・

同様に，「風通しのよい所に」を in the fresh air などと苦し紛れに訳してはならない。これでは読み手には見当がつかないからだ。in a well-ventilated place のように表現すると明確になる。

・・・・・・・・・・・・・・・・・・・・・・・・・・・・・・・

「ネジを 3 ヵ所付けなさい」は Put 3 screws. でも Place 3 screws. でも曖昧である。

Attach 3 screws.

がよい。

「ネジを締めなさい」を Turn the screws. では曖昧である。

Tighten the screws.

が明確である。

抽象語	明確な語
connect	bolt; screw; weld
relatively long time	2 hours
15 years ago	in 1990
from the beginning	since 2000
free size	One size fits all.

15 years ago は状況によっては認められるが，（〔今から〕15 年前）と同じで，「数年前から 15 年前」のように曖昧になるケースも生じるので，in 1200 のように年を明記した方がよい。

★★★ 練習問題 1 ★★★

次の語をできるかぎり具体語で表現しなさい。

1. a mechanical fastening device（締め具）
   _____

2. fasten（留める，固定する）
   _____

3. wind（巻く）
   _____

4. road（道）
   _____

5. chemistry（化学）
   _____

（解答は 144 ページ）

One word・one meaning を順守

2. 類義語に注意

　big, bulky, large, huge, enormousなどは「**大きい**」を意味する語だが，内容は全く同じではない。bigは「かさ・量が多い」のであり，bulkyは「かさばった大きさ」である。largeは「形状・数などが大きい」のであり，hugeは「非常な大きさ」に用い，enormousは「びっくりするほど大きい」のである。状況にもよるが，大きさを正確に示すのが読み手を満足させることになる。

・・・・・・・・・・・・・・・・・・・・・・・・・・・・・・・・

　「工場」に対して機械的にfactoryを用いるのは危険である。works, workshop, shop, plant, mill, winery, brewery, laboratoryなど，すべて「工場」に当たるからである。したがって，これらから状況に適した語を選ばなければならない。適切な単語を選ぶには英語の類語辞典Thesaurus（シソーラス）か日本語の類義語辞典を利用することを勧める。

・・・・・・・・・・・・・・・・・・・・・・・・・・・・・・・・

　たとえば，Thesaurusで「川」を見ると，それに該当するwaterway, stream, creek, brook, watercourse, spring, fount, fountain, rill, riverlet, streamlet, runnel, tributary, torrent（以下略）などが出ているので，これらの中から適語を選ぶのである。

・・・・・・・・・・・・・・・・・・・・・・・・・・・・・・・・

　「湿気」にもhumid, moist, dampなどがあり，humid, dampは「不快感を与える」がmoistは「不快感を与えない湿気」である。

・・・・・・・・・・・・・・・・・・・・・・・・・・・・・・・・

　「有名な」に対して機械的にfamousを使う人がいるが，「広く知られている」という意味ではwell-knownがよい。そこで「有名な機械」という場合はfamous machineよりはwell-known machineが適切な場合が多い。

★★★ 練習問題2 ★★★

日本語の「注意」に当たる英語に caution, warning, danger がある。それぞれの違いを説明しなさい。

caution

_____
_____

warning

_____
_____

danger

_____
_____

（解答は 146 ページ）

One word・one meaning を順守

ルール7　名詞と動詞・形容詞の相性

　名詞と動詞，形容詞と名詞，動詞と副詞に結びつく語はほとんど決まっている。私はこの結びつきを**相性**という。日本語でも「将棋を指す」と言うが「碁を打つ」と言い，「針を刺す」と言うが「注射を打つ」と言う。［高速］「低速」と言うが「猛速」「少速」とは言わない。つまり，この名詞にはこの動詞が，この名詞にはこの形容詞が，この動詞にはこの副詞がつくことが，だいたい決まっているのである。この傾向は英語にも当てはまる。

1. 名詞と動詞の相性

　「薬を飲む」は take the medicine であって，drink は使わないし（ただし，水薬の場合は drink もありうる），「手紙を書く」が write a letter だからといって「地図を書く」は draw a map，「円を書く」も draw a circle であって，write a map, write a circle とは言わない。

　技術分野の英語は比喩的表現が皆無のため，この傾向が顕著である。逆に，英語では同じ単語を日本語ではいろいろに訳さなければならないことがある。これを無視しては日本語にならなくなる。英語では同じ動詞でも日本語の動詞は異なるものがある。

　　　release the shutter（シャッターを切る）
　　　release the pressure（圧力をぬく）
　　　release an arrow（矢を放つ）
　　　release a motion picture（映画を封切る）
　　　release a news item（ニュースを発表する）
　　　release one's headache（頭痛をとる）
　　　release a bomb（爆弾を投下する）

2. 形容詞と名詞の相性

名詞に前置する形容詞も決まっている。

・・・・・・・・・・・・・・・・・・・・・・・・・・・・・・・・

temperature には,

great temperature とか small temperature, long temperature, very temperature などの形容詞は付かなく,

> **high temperature, low temperature, average temperature, normal temperature, ordinary temperature**

などが普通である。

・・・・・・・・・・・・・・・・・・・・・・・・・・・・・・・・

robot には,

> **advanced, ambitious, chip-smart, elaborate, industrial, inscrutable, insensate, intelligent, lifeless, mechanical, productive, programmable, self-conscious, unfeeling**

の形容詞が付く。

3. 動詞と副詞の相性

動詞と副詞の間も同様である。

calculate には,

> **accurately, approximately, arithmetically, correctly, exactly, incorrectly, mathematically, precisely, quickly, roughly, wrongly**

の副詞が付く。

これらについては辞書で調べること。

★★★練習問題 1 ★★★

次の日本語を英語で表現しなさい。

1. 「車を動かす」
   _____

2. 「空冷エンジン」
   _____

3. 「白紙の答案」
   _____

4. 「(皮むき)果物ナイフ」
   _____

5. 「市内電話」
   _____

6. 「(レントゲン検査で)息を止める」
   _____

7. 「速度規則」
   _____

8. 「(ラジオの)音量を上げる」
   _____

9. 圧力を加える
   _____

10. ブレーキを踏む
    _____

11. その実験は巧く行った。
    _____

(解答は 147 ページ)

★★★ 練習問題 2 ★★★

次の日本語に対して英語で表現してありますが，イタリックの英語が曖昧か間違っています。訂正しなさい。

1. 時計のキーは毎日決まった時間に，静かに一杯に巻いて下さい。
   Wind the key *gently in full* at a fixed time every day.
   _____
   _____

2. スイッチを入れたら 5 分間待ってください。
   Please *wait for* 5 min *after* switching it on.
   _____
   _____

3. 鳴っているベルを止めるには，止めるボタンを押しなさい。
   To *stop* the bell *while sounding*, *push* the stop button.
   _____
   _____

4. 時間を調整するには，コインかドライバーでネジを静かに回しなさい。
   To *adjust* the time, turn the screw *gently* with a coin or a *driver*.
   _____
   _____

5. その装置は，あまり湿気や塵のある場所で使わないで下さい。
   Don't *use* the device in a place *very* dusty or *very* damp.
   _____
   _____

（解答は 149 ページ）

ルール⑧　注意すべき名詞の形容詞用法

　現代英語の特徴の一つに energy level（エネルギー順位），motor ship（内燃機船），robot bomb（ロット爆弾）のような**名詞の形容詞用法**，つまり**前位修飾**が多く，名詞が形容詞として使えるので便利である。これらを energy system の代わりに energy to be assumed by a physical system のように，motor ship の代わりに a ship propelled by an internal-combustion engine のように，robot bomb の代わりに a robot that descends as an aerial bomb のように後位修飾語にしては，カテゴリーの分散を避けるため，間延びした表現になってしまう。読み手が誤解するような使い方は避けるべきだが，内容に誤解が生じなければ，重ね過ぎだからといって気にする必要はないだろう。**科学技術分野や実用英語の分野では**，**正確性が大切**で，美文で表現しよう，感銘を与える文を書こうなどという大それた考えなど抱かない方がよいからだ。

・・・・・・・・・・・・・・・・・・・・・・・・・・・・・・・・

実際に，

> **vapor pressure temperature characteristics**（蒸気圧温度特性）や
> **dash pot lever actuator bell crank link printer paper tray retainer spring clip fastener screw**
> （ダッシュ・ポット・レバー・アクチュエーター・ベル・クランク・リンク）

のような形も多い。部品名などは，どうしても**名詞の積み重ね**（piling）をしなければ明確性も失うし，説明的になり冗長になってしまう。

・・・・・・・・・・・・・・・・・・・・・・・・・・・・・・・・

　注意したいものは，**a corner pin** のような場合である。日本語でも「コーナーピン」だと「コーナーに指すコーナー用のピン」か「コーナーに刺してあるピン」か定かでない。

> 前者なら **a pin used for the corner**
> 後者なら **a pin stuck at the corner**

と書くことにより，違いがはっきりする。

・・・・・・・・・・・・・・・・・・・・・・・・・・・・・

wall clock は「壁時計」で問題が無い。それぞれの名詞間にはいろいろな意味が生じるので，日本語で表現するときにも注意が肝要である。

・・・・・・・・・・・・・・・・・・・・・・・・・・・・・

たとえば，**the Apollo 11 rocks** を「アポロ 11 号の岩石」では，日本語が不明確である。つまり，「アポロ 11 号が集めた岩石」か「アポロ 11 号が持ち帰った岩石」のようなことばを介在させなければならない。日本語の「〜の」は誤魔化しの「の」と言われても仕方がなかろう。

・・・・・・・・・・・・・・・・・・・・・・・・・・・・・

computer keyboard は，何ら問題はない。

computer keyboard cord（コンピューター キイボード コード）も内容上問題はない。

computer keyboard cord connector はどうだろう。これも cord connector が優先するので問題はないだろう。

computer keyboard cord connector board はどうだろう。これも内容から判断して connector board が優先するから問題はない。

・・・・・・・・・・・・・・・・・・・・・・・・・・・・・

automobile steering wheel（自動車のハンドル）に社名がついて，例えば，

Heian automobile steering wheel（平安社の自動車のハンドル）で問題はない。しかし，

red automobile steering wheel では如何だろうか。通常は「車体が赤の自動車」と理解されるが，「ハ

注意すべき名詞の形容詞用法

ンドルが赤の自動車」とも理解されないことはない。英語では，

automobile red steering wheel

のように語順を変えられない。名詞に前置する形容詞の順序は決まっているからである。

the red steering wheel on the automobile

ならよい。そこで，読み手が疑問を抱くような場合は，

red-automobile steering wheel

のように red automobile をハイフンで結ぶと「車体が赤」を意味し，

red automobile-steering wheel

のように automobile と steering wheel をハイフンで結べば「ハンドルが赤」を意味し，誤解は生じない。steering wheel はこれだけで明確な用語だからハンフンで結ぶ必要はない。

・・・・・・・・・・・・・・・・・・・・・・・・・・・・・・・・・・・・・

「名詞＋名詞」構文と「形容詞＋名詞」構文では内容を異にすることがあるから注意しなければならない。

・・・・・・・・・・・・・・・・・・・・・・・・

例えば，**a silver plate** は a plate made of silver（銀製の板，シルバー・プレート）のことであり，**a silvery plate** は a plate like silver（銀のような板，銀色の板）のことである。

・・・・・・・・・・・・・・・・・・・・・・・・

ice road は a road made of ice（氷でできた道）であり，**icy road** は a road covered with ice（氷でおおわれた道路）または a road like ice（氷のような道路）になる。

・・・・・・・・・・・・・・・・・・・・・・・・・・・

形容詞の位置については拙著『ICT 時代の英語コミュニケーション：基本ルール』（南雲堂）を参照のこと。

科学技術やビジネスの分野の英語では次のような名詞の形容詞用法が多いようだ。

部品名の形容詞化

多くの機能を1つにして狭いスペースにまとめて表現するため部品名に多く見られる。

- **laser printer paper tray retainer spring clip fastener screw**（訳省略）
- **computer keyboard cord connector board**（訳省略）
- **Dash pot lever actuator bell crank link is disconnected.**
  （ダッシュ・ポット・レバー・アクチュエーター・ベル・クランク・リンクが外れている）

社名の形容詞化

社名が製品の前に付き，

manufactured (in)
assembled (in)
devised (in)
employed (in)
developed (in)

などが省略された形。

1. **a *Borg Warner* automatic transmission**—*Popular Science* (112)
   （Borg Warner 社［製］の自動送信）

2. **a *Citezens Band* radio walk-talkie**—*Ibid.* (108)
   （Citezens Band 社［製］の無線携帯用電話機）

3. **a *Pratt & Whitney* profile-grinding machine** —*Machinery* (3)
   （Pratt & Whitney 社のならい研磨機）

4. **a *Diazotherm* table model**—*Office Magazine* (968)
   （Diazotherm 社の卓上モデル）

注意すべき名詞の形容詞用法

> 解説

1. an automatic transmission (*developed*, or *devised*, or *employed*, etc.) in Borg Warner のこと。
2. a radio walk-talkie (*assembled*, or *developed*, or *manufactured*, etc.) in Citezens Band のこと。
3. a profile-grinding machine (*manufactured*, or *developed*, or *employed*, or *assembled*, etc) in Pratt & Whitney のこと。
4. a table model (*manufactured*, or *assembled*, etc.) in Diazotherm のこと。

・・・・・・・・・・・・・・・・・・・・・・・・・・・・・・

年号の形容詞化

1. **1964 amendment to the Federal Airport Act**
   —*Civil Engineering* (65)
   （連邦空港条例み対する 1964 年の修正案）
2. **the 1962 Highway Act**—*Ibid.*（1962 年の公道条例）

・・・・・・・・・・・・・・・・・・・・・・・・・・・・・・

地名の形容詞化

地名は前置詞を伴って修飾する名詞の後に来るのが通例だが，次のように地名の形容詞化もすこぶる多い。journalese の影響だろう。

1. **General Electric's new Louisville appliance plant**
   —*Fortune* (108)（GE の Louisville に出来た新しい設備工場）
2. **the California urban region**—*Civil Engineering* (62)
   （California の市街地）
3. **the Great Lakes urban region** —*Ibid.*
   （五大湖の市街地）

> 解説

1. a new appliance plant in (*or* at) Louisville のこと。
2. the urban region in (*or* at) Louisville
3. the urban region in (*or* at) Great Lakes

・・・・・・・・・・・・・・・・・・・・・・・・・・・・・・

人名の前の形容詞

人名の前へ長々と社名や肩書きや職業などを形容詞用法として置くことが多い。journalese の身元照会（identification）に多い現象であって，新聞では，住所，出身地，職業，年齢，肩書きなどの次に人名を置くことが多い。

1. **..., we shall describe one designed by the late British mathematician A.M. Turning.**—*Thinking Machine (20)*
   （我々は，今は亡きイギリスの数学者 A.M. Turning の考案したものを述べることにしよう）

2. **Telecommunication and foreign relations expert Henry F. Holthusen says the important thing is the satellite.**
   —*Science and Mechanics (107)*
   （遠隔通信と外交関係の専門化 Henry F. Holthusen は，重要な物は人工衛星である，と言っている）

3. **Colemanite bears the name of a founder of the California borax industry, William T. Coleman of San Francisco.**
   —*How to Know the Minerals and Rocks (121)*
   （灰ほう鉱は，サンフランシスコ出身のカリフォルニアのホウ砂産業創始者 William T. Coleman の名前に因む）

どんな形容詞でも名詞に前置するので便利だが，正しく伝達が出来なくなるケースが生じるので注意が肝要である。

★★★ 練習問題 1 ★★★

次の日本語を英語で表現しなさい。

1. 「物理の実験」

2. 「物理法則」

3. 「電気エネルギー」

4. 「電気抵抗」

5. 「電気系統」

（解答は 149 ページ）

★★★ 練習問題 2 ★★★

次の語の持つ意味を日本語で言いなさい。

1. factory order

2. test operation

3. machine shop

4. shop floor

5. test machine

6. temperature rise
   _____

7. machine tool
   _____

8. tool life
   _____

9. life buoy
   _____

10. picture tube
    _____

(解答は 149 ページ)

ルール9　極力避けよう句動詞

　手紙やカタログやマニュアルの一部では口語調の英語が使われるが，他の技術英文や実務文書のほとんどは，堅苦しい文語調の英語が好まれる。そこで，論文などでは「動詞＋副詞」の熟語を単一動詞で表現することが多い。

・・・・・・・・・・・・・・・・・・・・・・・・・・・・・・・・・・

例えば，

　　take off は **remove** に，
　　come about は **occur** に，
　　do up は **wrap** に，
　　do away with は **eliminate** のように

1語で表現する傾向がある。

・・・・・・・・・・・・・・・・・・・・・・・・・・・・・・・・・・

「羽根車はケーシングの中で回転する」は，

　　The impeller wheel *goes around* in the casing. よりも，
　　The impeller wheel *rotates* in the casing. が好まれる。

・・・・・・・・・・・・・・・・・・・・・・・・・・・・・・・・・・

「残留物はもっと少なくなる」は，

　　The residue is further *taken away*. よりも
　　The residue is further *reduced*. が好まれる。

・・・・・・・・・・・・・・・・・・・・・・・・・・・・・・・・・・

「ブレーキがすぐかけられた」は，

　　The brake was quickly *brought into action*. よりも，
　　The brake was quickly *applied*. が好まれる。

この類型として,「動詞十名詞」も堅苦しい文語調の論文などでは単一動詞で表される。

・・・・・・・・・・・・・・・・・・・・・・・・・・・・・・・・

「二酸化炭素は燃焼中の硫黄を消す」は,

> **Carbon dioxide *stops burning of* burning sulfur.** よりも,
> **Carbon dioxide *extinguishes* burning sulfur.** が好まれる。

・・・・・・・・・・・・・・・・・・・・・・・・・・・・・・・・

「その水は蒸気になって出る」は,

> **The water *goes off into* vapor.** よりも,
> **The water *evaporates*.** が好まれる。

★★★練習問題★★★

次の各文の句動詞を単一動詞で言い換えなさい。

1. A heated body *gives off* energy in the form of electromagnetic waves.
   _____

2. The furnace *ate up* fuel at a rate of 100 gallons per hour.
   _____

3. A number of experiments have been *thought out* to discover the drug.
   _____

4. Throw water on the burning materials to *put* the fire *out*.
   _____

5. The four iron poles are *holding up* the roof.
   _____

6. Water is *made up* of hydrogen and oxygen.
   _____

7. The nail *was struck with a hammer*.
   _____

8. Air is *put* into the tire *with* a pump.
   _____

9. *Turn* the glass *in the opposite direction*.
   _____

10. The iron poles *hold* the roof *up*.
    _____

（解答は 151 ページ）

ルール10　極力避けよう否定文

　否定文を使うと内容が曖昧になることがあるので，**できるかぎり肯定で明確に述べるべきである。**

・・・・・・・・・・・・・・・・・・・・・・・・・・・・

　例えば，「このドアから入ってはいけません」を

Do not use this door.

と否定文で表現したのでは，どのドアから入ってよいのか不明確である。相手に判断をさせる文を書いてはならないので，

　　入口が2つ以上あって，そのうちのどれか1つを使うときは，
　　Use another door. を使い，

　　入口が他に1つしかないときは，
　　Use the other door. とする。

・・・・・・・・・・・・・・・・・・・・・・・・・・・・

「火災の場合はエレベーターを使わないでください」を

In case of fire, do not use elevators.

と表示している日本のホテルが多いが，エレベーターが使えないなら何を使うべきかが不明確である。そこで，肯定文で，

In case of fire, use stairways.
「火災の場合は階段を使ってください」

が明確でよい。否定文を使いたければ，この後に Do not use elevators. と続けるべきである。

・・・・・・・・・・・・・・・・・・・・・・・・・・・・

「機械には何ら欠陥がなかった」を

The machine did not have any defective parts.

と表現したのでは,「欠陥がない」ことはわかったが,機械は使えたのか,使えなかったのか」が不明確である。そこで,肯定文で,

The machine performed satisfactorily.

とか,口語ならば,

The machine worked well.

とすることにより,使えたことがわかり,明確に伝達することになる。
　逆に,これらを日本語で表現するときは,

「機械は申し分のない働きをした」

では日本語として不自然だから,

「機械には何ら欠陥がなかった」

のように否定で表現し直すと明確になることが多い。

・・・・・・・・・・・・・・・・・・・・・・・・・・・・・・・・

「作業がすべて完了するまで,その部分は外してはならない」を

Don't detach the part ...

で書き始めると,読んでいる人は,「外してはならない」のか,という印象をいだき,作業を実施しなくなる。
　そこで,肯定で,

Complete the whole operation ...

で始め,まず「全操作を完了させることだ」といい,次に detach の動作を続けるのだから,次のように肯定で表現をするべきである。

Complete the whole operation before detaching the part.

ルール11　状況で判断しよう受動態

　受動態はあるのだから使うのは当然だが，正しい使い方をするべきである。理由もなく受動態を使うと内容が曖昧になったり，不格好な文になったり，不要語を含む文になるから注意が肝要である。

Each person was asked.

は，「それぞれの人が質問された」になり，By whom？（誰によって？）の疑問が生じる。したがって，

***He or she* asked each person.**

のように動作主を明確にしなければならない。

・・・・・・・・・・・・・・・・・・・・・・・・・・・・・・・

　また，「その値は増した」を

The value has been increased.

としないで，increase は自動詞用法があるので，

The value has increased.

のように能動態が自然である。

・・・・・・・・・・・・・・・・・・・・・・・・・・・・・・・

　受動態の文は曖昧で，**不自然**であり，**迫力がなく**，**不要な単語を使う**ので長い文になりがちである。

・・・・・・・・・・・・・・・・・・・・・・・・・・・・・・・

1. **It is believed that this motto will be beneficial to our personnel.**
   （そのモットーはわが社の社員に利益をもたらすに違いないと信じられている）

誰に believe されているかが不明だから，良い文とは言えない。

そこで,

> **We believe this motto will be beneficial to our personnel.**

とする。

2. **The proposal that was made by the engineer has been received negatively by the manager.**
   (その技術者による提案書は部長が受けとったが,否の答えだった)

不要語が多過ぎて不格好な文だから,

> **The manager disliked the engineer's proposal.**

と,能動態にすると語数も節約できて,すっきりした文になる。

・・・・・・・・・・・・・・・・・・・・・・・・・・・・・・・・

しかし,**話題の中心語を主語にすることにより,自然に能動態か受動態になる**ことを忘れてはならない。

・・・・・・・・・・・・・・・・・・・・・・・・・・・・・・・・

3. **The chemical will *be sprayed* onto the paddy field not to retard the growth of the early rice.**
   (早稲の生育を阻害しないため薬品が稲田にまかれるだろう)

4. **The water *was heated* to the boiling point.**
   (水が沸点まで加熱された)

・・・・・・・・・・・・・・・・・・・・・・・・・・・・・・・・

3. と 4. の例文ように話題の中心語が the chemical, the water のように**明確な場合は,それが主語になるため受動態が自然**で,科学技術文では多用される。

★★★練習問題★★★

次の英文を，不要語を消すか，文を書き換えて，科学技術文として効果的な文に直しなさい。

1. In the test, no defective part was found.
   _____
   _____

2. Machinery which was broken and bad morale created serious problems for the company.
   _____
   _____

3. A flow of hot ionized gas is utilized through the magnetic field.
   _____
   _____

（解答は 153 ページ）

状況で判断しよう受動態

ルール 12　乱用を避けよう It is ... to [that] 構文

　形式主語として it は，to 不定詞，動名詞，that 節，wh- で始まる節などを受けるが，it (is ...) の構文は，**動作主が曖昧になることが多いのでできる限り避ける**ほうがよい。次（ルール 13）の there (is) .... 構文にも同様のことが言える。

> **It is our understanding that ....** とか
> **It should be noted that ....** とか
> **It is suggested that ....**

のような文は，官僚的でもったいぶった構文であるだけではなく，By whom?（誰が行うのか？）のような質問をされることになる。つまり，**動作主が分からなくなっている**ことが往々にしてある。これらの構文は固定化しているため，好んで用いる人がいるが，読み手を惑わすか，読む速度を遅らせるだけで何の効果もない。

　これらの構文は，それぞれ，

> **We understand ....**
> **We suggest ....**
> **Note that ....**

でよい。ただし，Note that ... については，

> **Note that the newspaper picture is made up of row after row of tiny dots.**
> （新聞に出ている写真は，1 列 1 列の小さい斑点から構成されていることに注意しよう）

は，

> **The newspaper picture is made up of ...**

と同じことだから，Note that は不要の場合が多い。

1. **It is our pleasure to direct your attention to paragraph 5 which indicates that ...**
   (〜を表すパラグラフ5にご注目ください)

このような文は,

   Paragraph 5 indicates that ....

だけの方が遥かに読み手の理解度を助ける。

2. **It is necessary to change chemical energy into heat energy.**
   (化学エネルギーを熱エネルギーへと変換する必要がある)

このような文は,

   Chemical energy must〔またはrequires to〕be changed into heat energy.

の方が話題の中心語が主語になっていて簡潔でよい。

★★★練習問題★★★

次の英文から不要語を削除して,出来る限り簡潔になるように書き換えなさい。

1. It is considered to be important to clarify the size effect.
   _____
   _____

2. For example, it was suggested by Brown that the equation be derived from the Table.
   _____
   _____

（解答は154ページ）

乱用を避けよう It is ... to [that] 構文

ルール13　極力避けよう There 構文

　日本人は There で文を始めるのが好きである。「机の上に本がある」を There is a book on the table. と学校で習ったからといって，

　　「当社は新宿にあります」

を機械的に There 構文を用いて，

　　There is our company in Shinjuku.

とは言わない。

　There は「何々が～にある」という内容の文を導入するための形式語であるため，これ自体の明確な意味は持たない。

　　"What is there on the table ?"
　　（机の上には何がありますか）

の質問に対する答えとして

　　"There is a book on the table."

が成立すると考えるべきである。つまり，There 構文では，「何かあるか」が知りたいのであって，物が存在する場所よりも物に力点を置くのである。つまり，There 構文では，物に力点を置いて，その存在場所を知りたいのである。これに対して，

　　"Where is the book ?"
　　（その本はどこにありますか）

に対する答えとして，

　　"The book is on the table."

が成立すると考えるとよい。

「机には 4 本の脚がある」を機械的に There 構文を使って英語で表現すると，次のように混乱を招く。

1. **There are four legs *to* a table.**
2. **There are four legs *under* a table.**
3. **There are four legs *in* a table.**
4. **There are four legs *on* a table.**

このうち正しい文はどれだろうか。

 1. が正しいが和製英語である。他は全て間違いである。There 構文を使うから前置詞に迷うのであって，

A table has four legs. とか
Four legs are attached to a table.

とすれば，前置詞に迷わないばかりか，不要語がなくなり，**主要語が主語になるので内容が明確**になる。

★★★練習問題★★★

次の英文は冗長であるか，科学技術文として修辞上欠陥のある文です。効果的な英文に書き改めなさい。

1. There is also the possibility that the blue waters of the Dead Sea will transform to white gypsum as a result of mixing the waters of the two seas.

    _____
    _____

2. When specimens have smaller diameter than 50 cm, there are no defects.

    _____
    _____

（解答は 154 ページ）

極力避けよう There 構文　　59

ルール14　従属文を主語(部)に

　日本文が「～ならば，～である。」とか「～であるときは，～である。」であるからと言って，機械的に If ～や, When ～, で文を始める必要はない。If や When に率いられる従属節を主部にした方が文章体としては好ましいことが多いのである。

・・・・・・・・・・・・・・・・・・・・・・・・・・・・・・・・・・

　例えば，「温度が 2～3 度上昇するとエンジンが過熱する」を英文にするとき，

When temperature rises by 2 or 3 degrees, the engine often overheats.　　　　　　　　　　　……(1)

のような英語にする傾向がある。日本文が「～すると」になっているので When で始めたのだが，これでは日本文をそのまま英文に移し変えたにすぎない。文に締まりがない。これをもっと堅苦しい，つまり，文語調の文にするには，When で率いられている従属節を，「温度の上昇が～」のように考えて，主部にするのである。次文を参照されたい。

A rise in temperature by 2 or 3 degrees often makes the engine overheat.　　　　　　　　　　　……(2)

この文は，(1) の文よりも締まりがあると同時に，話題の中心語（a rise in temperature）が主語になっているため明確でよい。
　ここで，overheat は他動詞だから，〈make＋目的語＋動詞〉構文を避けて，この後に目的語をつけると，次のように更に簡潔になる。

A rise in temperature by 2 or 3 degrees often overheats the engine.

　論文や格式ばった文などでは，**If 句や When 句で始まる文は避けて**，この**従属節を主部にして単文で表現**するように心掛けるべきだろう。なお，(1) の文の「2～3 度」に対して to 2 or 3 degrees とすると「2 度か 3 度にまで」となり，by 2 or 3 degrees とすると「2～3 度の差で」になる。

★★★練習問題★★★

次の2つの文を1つに結合しなさい。ただし，接続詞に率いられている文を主部にするか，主語に選ぶこと。

1. When a toaster uses electrical energy, it is converted to heat and light.

   _____
   _____

2. If you use Table 3, some processes will be eliminated from the calculation.

   _____
   _____

3. When water evaporates, its temperature decreases.

   _____
   _____

4. If a digital timer is used, it helps the operator preset the working time for each process.

   _____
   _____

（解答は155ページ）

ルール 15　話題の中心語が主語

　英文を作成する段階で，第一に考えなければならないことに，**どの語を主語にするか**がある。主語の選び方ひとつで，読み易い文にでも，読みづらい文にでも，幼稚な文にでも，高尚な文にでも，口語調にでも，文語調にでも，また，原文の日本文から全く掛け離れた文にでもなるからだ。

　　　　・・・・・・・・・・・・・・・・・・・・・・・・・・・・・・・・・

　一例として「カナダでは英語を話す」を英語で表現してみよう。

Canada speaks English.

では英語にならない。

Canadians speak English.

ならよいが，これでは「カナダ人は英語を話す」となるので，日本語の課題から少しずれる。そこで教科書では，

They speak English in Canada.

としている。
　では，「日本では日本語を話す」はどのように英語で表現しだらよいだろうか。日本の学生のほとんどは機械的に，

They speak Japanese in Japan.

とする。They では，それを言った人は日本人ではなくなってしまうので，当の本人が日本人であるならば，

We speak Japanese in Japan.

だと注意すると，初めて気がつく有様である。英語を機械的に真似るのは実に恐ろしいのである。Use your head.（頭を使え）である。

　　　　・・・・・・・・・・・・・・・・・・・・・・・・・・・・・・・・・

次に，「10から3を引くと7である」を主語に注意しながら英語で表現してみよう。

1. If you take three from ten, you have seven left.
2. Taking three from ten, seven is obtained.
3. Three (subtracted) from ten leaves〔または is; equals〕seven.
4. Ten minus three equals（または is ; is equal to）seven.

これらすべてが通じる英文であるが，それぞれに次のような差がある。

1. は「君が10から3を引くと〜」のことだから，会話では認めることができるが，書く英語の場合は小学校低学年の英語である。マニュアルの一部や低学年を対象にしたテキストなどでは，人称代名詞 you を主語にすることがあるが，技術英文では非人称の論述が多いから，人称代名詞や one をあまり主語にしない。

2. は，Taking の主語が，主文の主語，つまり，seven になる懸垂分詞構文なので避けたほうがよい。

3. と 4. が，ごく普通に用いられる英文である。書く英語では短いほうが好まれるし，式の順に表現しているので，4. が 3. よりも好ましいと言える。

★★★練習問題★★★

次の文の意味を変えないで不要語を削除し，簡潔な文に書き直しなさい。

1. We recommend that you should not use the watch in water.

2. The car l own is in perfect condition. One of the reasons it is in perfect condition is the fact that l have it serviced every 3,000 kilometers.

3. Please you don't pull the cord to remove the plug out of the outlet.

4. If you read this manual you will learn how to operate the personal computer.

（解答は 156 ページ）

英語では，（代）名詞，動名詞，不定詞，名詞節などが主語になるが，主語のとり方ひとつで，読み手に与える影響が変わる。読み手の期待している語を主語にすれば，それだけ速く読み手は内容が把握できるのである。したがって，特に，堅苦しい格調高い英語では**話題の中心語を主語に選ぶこと**を勧める。

・・・・・・・・・・・・・・・・・・・・・・・・・・・・・・・・

「実験が成功してうれしい」に，次のような英文が考えられる。

1. We are very happy because the experiment has succeeded.
2. We are happy in the success of our experiment.
3. Our experiment succeeded and we are happy.
4. Success of our experiment makes us happy.
5. Our successful experiment makes us happy.

このような文では，主語の相違により，内容を異にする。

　1. と 2. は We が主語になっているので，文字どおり「われわれ」が話題の中心である。3. は課題の日本文が「実験が」で，experiment を機械的に主語にしたのはよいが，and の次で主語が急変しているため，話題が二分してしまっている。一文・一概念に反する。口で言う文ならよいだろうが，書く文としては拙い。

　4. は「成功」を主題にしている。5. は，4. とさほど相違は感じられないし，日本文で表現してしまうと全く同じになるが，「実験」が中心語であることが 4. と異なる。

　読む人は，中心語，つまり，**主語を中心として文を考える**ので，**主語の選定には注意**しよう。

ルール 16　不要語を削除

　「電球の球」式の文は，書いた人の品格が疑われる。語数が多くなるし，文がいたずらに長くなり，読み手に迷惑をかけることにもなる。**軽率で，不注意による語の繰り返しは避けるべき**である。技術文では，強調することがほとんどないので，類語の繰り返しもないと言ってよい。

・・・・・・・・・・・・・・・・・・・・・・・・・・・・・・・・・

The liquid is black in color.（その液体の色は黒色である）

black（黒）は color（色）に決まっているので，

The liquid is black.

で，伝えたいことは原文と全く同じで，簡潔になる。

・・・・・・・・・・・・・・・・・・・・・・・・・・・・・・・・・

We initially began our investigative analysis with a sample that was square in shape and heavy in weight.
（形が正方形で重い試料をわれわれは初めに分析し始めた）

まず，initially と began が類語であり，investigative analysis も両語が類語である。また，square は shape に決まっており，heavy も weight に決まっている。そこで，

We began our analysis with a heavy, square sample.

に書き換えることにより簡潔で，読み易くなる。

・・・・・・・・・・・・・・・・・・・・・・・・・・・・・・・・・

「線はハンダでつなぐこと」を
Join the wires together with a solder.

と書いたのでは，join に together の意味があるので，繰り返しとなる。together は不要で，

Join the wires with a solder.

とする。

しかし，solder は動詞で用いることができるので，

Solder the wires.

で，語数も半分以下で，明確な文になる。

・・・・・・・・・・・・・・・・・・・・・・・・・・・・

「部品の点検が行われた後で，試験がふたたび繰り返された」を
After the part checks were made, the test was repeated again.

とすると check には動詞形があり，repeat と again は類語重複になるので，

After the parts are checked, the test was repeated.

とすると，不要語の重複が削除されて読み易くなる。

・・・・・・・・・・・・・・・・・・・・・・・・・・・・

　Christopher Turk and John Kirkman は *Effective Writing: Improving scientific, technical and business communication* (146-147) で次のような例を挙げ，簡潔な文を提唱している。

*This report describes measurement of the tracker bar.

を，このレポートに決まっているので This report は削除。measurement には動詞形があるので動詞で用い，「本レポートでは tracker bar の測定を述べる」では曖昧だから，

→ The tracker bar measures 21 cm.

と無駄をなくし，明確な文になると説明している。更に

*This report describes modifications to the return valve.

も，modification には動詞形があるので，動詞にして

→ We modified the return valve.

と簡潔にしている。

・・・・・・・・・・・・・・・・・・・・・・・・・・・・

もう一つの例を取り上げる。

> ***The importance of international cooperation is emphasized in this report.**

キイワードは international cooperation であり，「このレポートでは international cooperation の重要性が強調されている」ということは「このポートでは international cooperation が重要である」ことだから

> **→ International cooperation is important in this report.**

で簡潔になり，同じ内容を述べていることになる。

科学技術文を書くときに大いに参考になる例である。

★★★練習問題★★★

次の各文には誤りと不要語があります。それらを正し，できる限り少ない語数で明確に表現しなさい。

1. Each of the patients in the study were required to keep a record of their infections during the study period.

   _____
   _____

2. The physicists have made researches basically for about ten years in regard to physics of semiconductors.

   _____
   _____

3. This type of timer is a timer that utilizes the charging and discharging time by a capacitor and a resistor.

   _____
   _____

（解答は 157 ページ）

ルール17　不要な関係代名詞

　日本人は関係代名詞を使うのが好きだが，不用意に使うと，

I met a girl who is beautiful.（私は美しい少女に会った）

のような幼稚で，見苦しい文になってしまう。これは

I met a beautiful girl.

が，常識のある人が使う英語である。

･････････････････････････････

The box which is on the right is mine.

でも，which is は不要である。そこで，

The box on the right is mine.

とすると不要語はなくなるが，前置詞を使わないで

The right box is mine.

とすることにより，さらに簡潔になり，前置詞の煩わしさから解放される。

･････････････････････････････

This was the only technique which was available for investigating metal structures.
（この方法は，金属の構造の研究に利用された唯一の方法だった）

の文で which was は不要。

･････････････････････････････

We feel unpleasant vibrations which are transmitted through the seat.
（椅子を通じて伝わる不快な振動をわれわれは感じる）

の文でも

We feel unpleasant vibrations transmitted through the seat.

で，which are を削除したこの英文が簡潔でよい。

> This cable generates a steady signal which is picked up by two coils which are installed on the front of a car.
> (このケーブルによって一様の信号が発生し,それは自動車の前面に付いている2つのコイルで受信される)

の文で,関係代名詞とそれにまつわるbe動詞を省略すると,

> This cable generates a steady signal picked up by two coils on the front of a car.

となり,明快となり,しかも内容も原文と変わらない。

また,同格の関係代名詞も不要な場合が多い。

「当社の技術部は3部門からなるひとつだが,東京にある」を

> The Engineering Division, which is one of the ABC's three divisions, is located in Tokyo.

でも文法上は正しいが,which is を削除して,次の英文が簡潔でよい。

> The Engineering Division, one of the ABC's three divisions, is located in Tokyo.

ここで,「当社」をABCとしたが,実際には社名を用いる。

★★★練習問題★★★

次の英文は，科学技術文として修辞上欠陥のある文です。効果的な英文に書き改めなさい。

1. The procedures in which we solve the problem are so familiar that lots of firms are adopting them.

   _____
   _____

2. The site, which was selected, for daytime testing is a five-lane thoroughfare connecting the cities of Ann Arbor, Michigan and Ypsilanti, Michigan.

   _____
   _____

（解答は 158 ページ）

ルール18　効果のある関係代名詞

　前項では関係代名詞の不要論を唱えたが，**効果的な用法もある**ことを忘れてはならない。実用英語で多用される which について述べる。

　前文の名詞か概念を次文で代役し，前文とそれに続く文を結合するのが関係代名詞の役目だから，**関係代名詞を使うことにより，両文の関係が明確**になる。

・・・・・・・・・・・・・・・・・・・・・・・・・・・・・・・

　例えば，

例1　**The store opened last week.**
　　　（その店は先週開店した）
　　　The store sells electric appliances.
　　　（その店では電気製品を売っている）

では，両文の間の関係がない。そこで，関係代名詞を使って結合すると，

The store, *which opened last week,* sells electric appliances.

となる。しかし，ここでは，あくまでも，

The store sells electric appliances.

が主要概念であり，関係代名詞に率いられている節は挿入された概念である。そこで，

The store, *which sell electric appliances,* opened last week.

と表現すると，こんどは The store opened last week. が主要概念となる。

・・・・・・・・・・・・・・・・・・・・・・・・・・・・・・・

例2　**The manager stores those data.**
　　　（部長はそれらのデータを保管している）
　　　The office of the manager is next door.
　　　（部長の部屋は私の隣である）

この両方も関係代名詞を使って結合すると，次のように明確になる。

The manager, *whose office is next door,* stores those data.

この文では，The manager stores those data. が主要概念である。また，

The office of the manager, who stores those data, is next door.

とすると，The office of the manager is next door. が主要概念となる。

・・・・・・・・・・・・・・・・・・・・・・・・・・・・・・・

例3　**The 10,000 students in this university, and three percent of them were unemployed last year, reported the placement officer.**
（昨年は，この大学の1万人の3%が就職をしなかった，と就職係が伝えた）

この文を関係代名詞で結ぶと，and three percent of them が，次のように簡潔になる。

The 10,000 students in this university, three percent of whom were unemployed last year, reported the placement officer.

・・・・・・・・・・・・・・・・・・・・・・・・・・・・・・・

例4　**Our president instituted several new principles, but many of them are impractical.**
（当社の社長は新しい方針をいくつか打ち出したが，その多くは現実にそぐわない）

この文を関係代名詞で結ぶと，but many of them が，次のように簡潔になる。

Our president instituted several new principles, many of which are impractical.

効果のある関係代名詞

例5　The group rushed to the gate, and at the front of it was the entrance.
（そのグループはゲートまで夢中で走った。その正面が入り口だった）

この文を関係代名詞で結ぶと，and at the front が，次のように簡潔になる。

The group rushed to the gate, at the front of which was the entrance.

この関係を利用して格式ある英語を書くことを勧める。

例6　The system which is useful for the machine is widely applied in industry.
（その機械に有用なシステムが産業界で広く用いられている）

関係代名詞をコンマで結ぶと結ばないとでは内容が変わるので注意しなければならない。この英文に次のようにコンマを付けてみよう。

The system, which is useful for the machine, is widely applied in industry.

どのように変わっただろうか。両者に日本語訳は同じだが，内容の違いはどうだろうか。

　コンマが無い前文は「この machine だけが有用な system」を意味する。コンマがある後文は「この system はこの machine 以外にも有用」なことになる。これを明快にする英文を次に示す。

They had three sons who [that] became engineers.
They had three sons, who [that] became engineers.

前者は engineer になった息子が 3 人いたことになり，他にも，息子がいたことになる。後者は息子が 3 人しかいなかったことになる。

ルール 19　大切な挿入句

　単文が続く場合，単文を独立させておくと，それぞれが 1 つのデータとなり，読み手には主となる部分が分からなくなり，文相互の関係を見落としてしまう。

　「ABC 会社の社員は 3,000 人ほどです。その会社は 10 年前にできました」を

　　The ABC Corporation now employs about 3,000 people. It was founded ten years ago.

では，データが二分されているので両方の事柄が同じ程度の重要性を持つことになる。しかし，二文を比較した場合，実際には，前者か，後者かのデータが大切になる。前者が大切なら，

　　The ABC Corporation, founded ten years ago, now employs about 3,000 people.

のように，founded ten years ago を一対のコンマでくくる。したがって，この英文は，

　　The ABC Corporation now employs about 3,000 people.

を主としていることになる。逆に，後者が前者よりも大切だと仮定すると，

　　The ABC Corporation, which employs about 3,000 people, was founded ten years ago.

となり，

　　The ABC Corporation was founded ten years ago.

が主文になる。which employs about 3,000 people は of about 3,000 employees でもよい。こう書くと，

　　The ABC Corporation was founded ten years ago.

が一層はっきりする。なお，

　　The ABC Corporation, which was founded ten years ago, ...

のような無用な関係代名詞は使わない方がよい。また，

The ABC Corporation, —founded ten years ago, —now employs about 3,000 people.

のようにコンマと長音符号を併用してはならない。読み手が混乱するからである。

★★★練習問題★★★

次の和文を英文に直しなさい。

「有原太郎は，当社の社長である。彼はいつも愛想がよい」

_____
_____

（解答は 158 ページ）

ルール20　接続詞 and に注意

　文を連結するのに and を好んで使う人がいるが，and が等位接続詞だということを忘れてはならない。

・・・・・・・・・・・・・・・・・・・・・・・・・・・・・・・

「彼は転んで，右足を骨折した」を，
He fell down, and his right leg was broken.

と書くと，and の前後の文で主語が違うので，読み手の主眼点が移動する。したがって，読み手は戸惑いを感じる。

He fell down and broke his right leg.

のように and の前と後の文では，主語はできる限り変えないほうがよい。

・・・・・・・・・・・・・・・・・・・・・・・・・・・・・・・

「グランド・キャニオンを見物した。そして，ABC 工場を訪問した」を，
We saw the Grand Canyon, and we visited the ABC Plant.

は，会話文では許されるが，書いたのでは極めて幼稚である。前後関係が明確だから，

We saw the Grand Canyon. *After that* **we visited the ABC Plant.**

とするか，

We saw the Grand Canyon *before* **visiting the ABC Plant.**

とすることにより，前後関係が明確に表現できる。

・・・・・・・・・・・・・・・・・・・・・・・・・・・・・・・

「油の内部摩擦は固体間に存する摩擦よりもはるかに少なく，熱もほとんど発生しない」の文を，

The internal friction of oil is much less than the friction between solids and little heat is generated.

のように and でつなぐと，主題が「(油の) 内部摩擦」か「熱」かがわからなくなる。この種の and には注意した方が良い。

そこで，「油の内部摩擦」が主題ならば，

The internal friction of oil is much less than the friction between solids and generates little heat.

のように表現して，heat を主語にしないで目的語にする。「熱」を主題にしたければ，

Little heat is generated because the internal friction of oil is much less than the friction between solids.

のように従属文の because の文を主文の後に位置づけると，主文の Little heat is generated を読んでも内容が分からない。そこで，

Because the internal friction of oil is much less than the friction between solids, little heat is generated

のように，Because に率いられる文を主文の先に置くと，内容が明確になる。

ルール21　文を羅列しても意味不明

「文は短いほうがよい」に決まっているが，短文を羅列しただけでは連結されていない列車のようで，後続車が止まってしまうか，どこへ走るかさえ分からない。文章も各文の関連がなくなり，読み手は次の文へと速やかに，かつ，スムースに移れない。例えば，

> **I got up at seven this morning. I washed my face. I had breakfast. I read the morning paper.**
> （私は今朝7時に起きた。顔を洗った。朝ごはんを食べた。朝刊を読んだ）

では，文相互の関係がないため，文に流れがない。そこで文と文をつなぐ接続詞を使って，

> **I got up at seven this morning. *Then* I washed my face. *After that*, I had breakfast. *And then*, I read the morning paper.**

のように工夫するとお互いの関係が明瞭になる。

・・・・・・・・・・・・・・・・・・・・・・・・・・・・・・・・・・

次のような内容の文を検討してみよう。

> 「食べ過ぎると，胃がおかしくなる」
> **I eat too much. My stomach feel trouble.**

このような文は会話では and で結合しても良いが書くときは拙い。そこで接続詞を使わないで1文にすることで引き締まった文になる。

1. **My stomach trouble is because I eat too much.**
2. **My stomach trouble is the reason I eat too much.**
3. **That I eat too much causes my stomach trouble.**
4. **Eating too much causes my stomach trouble.**

1. は is because … という構文は文法上の誤り。2. は文法上は正しいが，Eating too much is the reason for my stomach trouble. としないと3. と逆の意味になる。3. と 4. が正しい。動名詞で始まっている 4. の方が格式ばっている。

次のような内容ではどうだろうか。

「新しい洋服がないので，家に居ます」
I have no new dress. I stay at home.

この両文とも次のように連結できる。

1. **Because I have no new dress is the reason I stay at home.**
2. **The reason I have no new dress is that I stay at home.**
3. **That I have no new dress is the reason I stay at home.**
4. **I stay at home because I have no new dress.**

1. は文法上の誤り。2. は文法上は正しいが，The reason ... that ... はあまりにも堅苦しい文。3. も正しいが，堅苦しい文である。このような内容では 4. が素直で，この日本語に適している。

・・・・・・・・・・・・・・・・・・・・・・・・・・・・・・・

次の文を検討してみよう。

He observed that the trench was open for a distance in excess of 100 feet. A backhoe was continuing the excavation.
（溝は 100 フィート以上の距離にわたって蓋が無かった。掘削機は穴掘りを続けていた）

これは実在した文で，文法上は誤りがなく，正しいが，He observed の文と A backhoe の文には何の関係も無い。調べた結果，

He observed that the trench was open for a distance in excess of 100 feet. *He observed that* A backhoe was continuing the excavation.

のようにイタリックの He observed that が抜けていたことが分かった。これを加えても両文の関係は明確でない。つまり，

He observed that the trench was open for a distance in excess of 100 feet.
He observed that a backhoe was continuing the excavation.

と加筆して，両文とも He observed that で始まっているので，後文は追加文だとわかる。そこで，

He observed that the trench was open for a distance in excess of 100 feet. *Also* he observed that a backhoe was continuing the excavation.

と Also 一語を入れるだけで両文の関係が明確になる。Also の代わりに In addition, Further, Furthermore などでも可能である。

• •

文と文を関連づけるとき，also の他に，first, second, third, finally, therefore, for example, however, similarly, at last などを使うと便利である。

しかし，便利だと言っても，使い過ぎると文章が間延びするので必要なときだけ使うべきである。

• •

次のような状況では如何だろうか。

> 「ロボットは我々の生活に不可欠なので，ロボット工学を専攻する学生が増えている」
> **Robots are essential to our lives.**
> **Students majoring in robotics are increasing.**

この両文とも次のように連結できる。

1. **Robots are essential to our lives, *and* students majoring in robotics are increasing.**

2. **Robots are essential to our lives, *so* students majoring in robotics are increasing.**

3. **Robots are essential to our lives; *therefore* students majoring in robotics are increasing.**

4. **Robots are essential to our lives. *Therefore* students majoring in robotics are increasing.**

5. **Robots are essential to our lives; students majoring in robotics are increasing.**

文を羅列しても意味不明

6. Robots are essential to our lives; *however*, students majoring in robotics are increasing.

7. Robots are essential to our lives. *However* students majoring in robotics are increasing.

8. Robots are essential to our lives; students majoring in robotics are increasing.

9. *Because* robots are essential to our lives, students majoring in robotics are increasing.

10. *As* robots are essential to our lives, students majoring in robotics are increasing.

11. *Since* robots are essential to our lives, students majoring in robotics are increasing.

12. *When* robots are essential to our lives, students majoring in robotics are increasing.

13. *If* robots are essential to our lives, students majoring in robotics are increasing.

14. *Even if* robots are essential to our lives, students majoring in robotics are increasing..

15. *Though* robots are essential to our lives, students majoring in robotics are increasing.

16. *Although* robots are essential to our lives, students majoring in robotics are increasing.

17. Robots are essential to our lives, *though* students majoring in robotics are increasing.

18. Robots are essential to our lives, *because* students majoring in robotics are increasing.

19. Robots are essential to our lives, *when* students majoring in robotics are increasing.

20. Robots are essential to our lives, *if* students majoring in robotics are increasing.

21. **The reason robots are essential to our lives *makes* students majoring in robotics increasing.**
22. **The reason robots are essential to our lives is *increasing* students majoring in robotics.**

> 解説

1. 前後の文の内容が異なるので等位接続詞の and で結ぶのは避けたほうがよい。
2. so で結んでいるので内容は結合されている。しかし結合語が幼稚である。
3. ; therefore が，このような堅苦しい内容では好まれる。
4. ピリオッド Therefore だから，前文で休止してから Therefore で始めている。従って後文の内容を強調している印象を与える。
5. セミコロンで結合されているので，内容上は認めることができる。8. 参照。
6. 内容上認められない。
7. 内容上認められない。
8. セミコロンで結合されているので，内容上は認めることができるが，読み手は内容を 5. か 8. か判断しなければならない。実用文では判断させない方が良いので 5. も 8. も好ましくない。
9. Because で始まっているので，普通に話す文章である。
10. 接続詞 As で始まっているので，Because か When かが曖昧であり，口語調である。
11. Since で始まっているので格式ばった英語になる。
12. When で始まっているので，変な内容である。
13. If で始まっているので，変な内容である。
14. Even if（たとえ…でも）の内容なら認められる。
15. Though（…だけれども）の内容なら認められる。
16. Although は though の格式語で，意味も強いのが 15. と異なる。
17. though が主文の後に置かれることは無い。
18. because が主文の後に来ているので，内容上許されない。
19. when の文が主文の後に来ているので，原文と内容上にもおかしい。
20. if 文が主文の後に来ており，原文とは内容を異にする。
21. makes students majoring in robotics increasing. の increasing に他動詞用法があるので make は不要語である。
22. 格式ばった英語で，この英語がこの中では優れている。

文を羅列しても意味不明

★★★ 練習問題 1 ★★★

次の英文のわかり易い点を挙げなさい。

Smith was grossly negligent in operating his vehicle at the time of the accident. I will establish that Smith's behavior was willful, wanton, and reckless in three ways. First, Smith was intoxicated while operating his car. Second, Smith was driving at an excessive rate of speed. Third, Smith's vehicle crossed the centerline and traveled into the path of oncoming traffic, causing the accident. (JC and DWS・214)

(解答は 159 ページ)

★★★ 練習問題 2 ★★★

接続詞を使って次の各文を関連づけなさい。

1. The project was originally expected to cost $50,000. The final cost was $55,000.

(解答は 159 ページ)

2. Some people obtain their water supply cheaply and easily. Other people have to spend a great deal of money and effort in order to have safe, drinking water. At Ann Arbor, Michigan, as, in the 1930's, water had to be hauled into town, where a forty-two-gallon barrel of it was sold for a dollar.

_____
_____
_____
_____
_____

（解答は 159 ページ）

★★★練習問題 3 ★★★

次の①〜③の日本文を英語にし，接続詞を用いて各文を関連づけなさい。

① 「ディーゼルは灯油をほとんど使わない。」
② 「完全に信頼できる。」
③ 「彼は説明した。」

① _____
② _____
③ _____

接続詞を用いて関連づけた文

_____
_____
_____

（解答は 159 ページ）

文を羅列しても意味不明

ルール22　極力避けよう代名詞

　日本文に「それ」とあると英語で it とか that を，「これ」とあると this を機械的に使う人がいるが，これらは曖昧なことが多いから，できる限り〈the ＋名詞〉か関係代名詞でまとめることを勧める。

> **I bought a Mercury. It was manufactured in Ford. It has fine performance.**
> （私はマーキュリーを買いました。それはフォード社製である。それは素晴らしい性能をしている）

では，it の羅列で，実用文としては失格である。そこで，

> **I bought a Mercury. The Ford automobile has fine performance.**
> （私はマーキュリー車を買いました。そのフォード社製の車は素晴らしい性能をしています）

とすることで，文が一行節約できると同時に，明確にもなる。

・・・・・・・・・・・・・・・・・・・・・・・・・・・・・・・・

　次の文を検討してみよう。

> **The ABC Corporation is located in the central business district of the city. It is very large.**
> （ABC社は，その市の商業街の中心に位置している。それは非常に大きい）

では，It が Corporation を指すのか，district を指すのか，city を指すのかわからない。このようなときは，

> **The ABC Corporation is located in the central business district of the city. *The Corporation* is very large.**
> （ABC社は，その市の商業街の中心地に位置している。その会社は非常に大きい）

のように指す語に The を付けて The ＋名詞で繰り返すと，明確になって良い。当然のことながら，The district is very large. とも，The city is very large. とも言える訳だ。

「そのプロジェクト部長は，自分たちの研究に注意深い計画を立てた。その仕事の費用は1億円ほどに見積もられた」を英語で次のように表現したとしよう。

> **The project manager carefully planned their research. *The cost of the work* was estimated to be approximately ¥100,000,000.**

これでは，The cost of the work が曖昧である。これを The cost of the research とすることにより明確になる。

実用文では，代名詞を極力避けて，同じ名詞を繰り返して明確にしている場合も多い。

> **A *satellite's* orbital plane may be likened to a flat plate passing through the center of the earth. *The plate* edge is *the satellite's* orbit.**—*Space (4)*
> （人工衛星の軌道面は地球の中心を通過する平面に例えることが出来る。平面の端は人工衛星の軌道である）

この後の文の the satellite's は its でも良いが，そうすると，読み手は earth の orbit かも知れないと思い，混同するだろう。

> **Ranger III went into *orbit* around the sun, an *orbit* slightly larger than the *orbit* of the earth.**—*Ranger to the Moon (101)*
> （レンジャーIII は地球の軌道よりやや大きい軌道を描きながら，太陽を中心軌道に入った）

最後の *the orbit* は that でも誤解を生じないが，同じ単語を繰り返すほうが，明確で，強調とも，口調が良いとも考えられる。

極力避けよう代名詞

★★★練習問題★★★

次の日本文を英語で表現しなさい。

ウイルスに感染しないようにと新しい技術が開発中である。これは当市の新しい研究課題である。

_____
_____
_____
_____
_____

（解答は 159 ページ）

ルール23　並列関係は同じ形で表現

　日本語に「見たり，聞いたり，試したり」のような語呂のよい言葉がある。
　これを「見たり，聞くこと，試すんだ」では構文がバラバラである。「北は北海道から」と言えば，後は「南は沖縄まで」が続く。このように，**内容と機能が似ている表現**は，外見上の形も似ていなければならない。

・・・・・・・・・・・・・・・・・・・・・・・・・・・・・・・・

　次の日本語を検討してみよう。

> 「スプーンは液体や粉末を掬（すく）ったり，かき回す道具である。繋ぎ目はないが2つの部分から構成されている」

この文は「掬ったり，かき回す道具」が**並列法（パラレリズム）**の観点から戴けない。並列法の観点からは

> 「掬ったり，かき回したりする道具」

と直した方が好ましい。

・・・・・・・・・・・・・・・・・・・・・・・・・・・・・・・・

　並列法では，**語**（word）は当然のことながら，**句**（phrase），**節**（clause）にいたるまで**同じ形態に**なる。

・・・・・・・・・・・・・・・・・・・・・・・・・・・・・・・・

> 「われわれは時間は守り，礼儀は正しく，誠実であらねばならない」

を英語で

We must be *punctual*, *courteous*, and *conscientious*.

と，それぞれのイタリックの語が形容詞からなる並列構文になっている。

・・・・・・・・・・・・・・・・・・・・・・・・・・・・・・・・

「われわれは時間厳守，礼儀正しく，誠実さの重要性を認識しなければならない」を英語で，

We must recognize the importance of *punctuality*, of *courtesy*, and of *conscientiousness*.

と，それぞれのイタリックの句が前置詞句からなり，並列構文になっている。

・・・・・・・・・・・・・・・・・・・・・・・・・・・・・・・・

「われわれは時間通りに到着し，礼儀正しく行動し，誠実に勉強しなければならない」を英語で，

We must arrive punctually, we must behave courteously,* and *we must study conscientiously.

と，イタリックの部分がそれぞれ文からなり，並列構文になっている。

・・・・・・・・・・・・・・・・・・・・・・・・・・・・・・・・

次の日本文を並列法に注意して英文で表現してみよう。

「彼は従業員に，一生懸命努力し，運に頼らないように忠告した」
He advised his employees to work hard and against relying on luck.

では to work ～ and against ～ のため，to 不定詞と against で始まる前置詞句を and で結ぶことになり好ましくない。そこで，

He advised his employees to work hard and not to rely on luck.

のように，2つの to 不定詞を and で結ぶことにより並列関係が保たれ，好ましい文になる。

★★★練習問題★★★

次の文にはパラレリズムに反している個所があります。その個所を訂正しなさい。

1. Machinery which was broken and bad morale created serious problems for the company.

   _____
   _____

2. In thinking of matter in molecular terms and when diagrams are drawn to represent its structure, there is a strong tendency to regard the molecules as stationary.

   _____
   _____
   _____

（解答は 160 ページ）

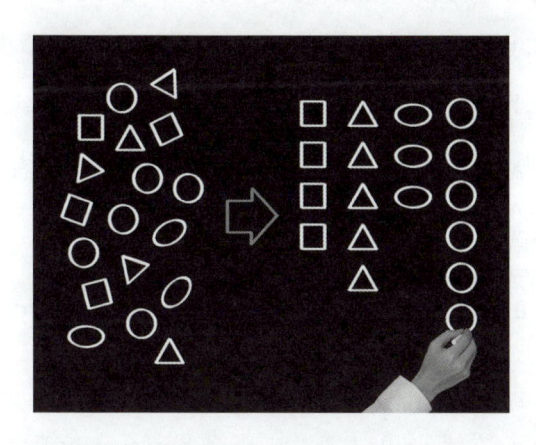

ルール24　however, therefore などの誤用

　文を「しかし」や「したがって」を but や so で連結することが多いが，これらの接続詞は口語だから，格式ばった内容の文を結ぶのには適さない。そこで，but の代わりに however, so の代わりに therefore が用いられる。しかし，これらを but や so と同じに用いると誤りになるばかりか，内容が理解できない場合がある。

> **This is a rule, however there are a few exceptions to it.**
> （これは規則である。しかしながら，2~3 の例外がある）

の however と but の用法とを混同しているためだろう。つまり，

> **This is a rule, *but* there are a few exceptions to it.**

の文は何ら問題がない。しかし，

> **This is a rule, *however* there are a few exceptions to it.**

は，間違いである。この英文で，however の前がコンマでは，

> ***However* this is a rule.**（しかしながら，これは規則である）

のことになり，there are a few exceptions. の文が続かなくなる。これは，

> **This is, however, a rule, there are a few exceptions.**

と同じになり，「しかしながら，これは規則である」と終わるため，there are a few exceptions. が前文に続かなくなるため，however の前にコンマは誤用である。

> **This is a rule; however there are a few exceptions to it.**　　……(1)

が正しい。この文と This is a rule. However there are .... の文の相違は，読み方は，(1) の文は a rule に続いて直ぐ，however を読むため，内容上，前文との関係を即座に読み手は理解できる。However と大文字で始めると，前文で一呼吸してから there are a few .... の文が続くので，強い印象を読み手に与える。

therefore にも同じことが言える。

It was a stormy day; therefore we could not test the data.
（嵐だったので，そのデータの試験ができなかった）　……(2)

を

It was a story day, therefore, we could not ....

と書くと，

Therefore it was a stormy day. （それゆえ，その日は嵐だった）

のことになり，we could not .... の文が前文に続かなくなる。

It was a stormy day; therefore we could ....

は，

It was a stormy day. Therefore we could not ....

の文と内容上は同じである。違いは however の説明と同じであるので however を参照されたい。

次の各文を検討してみよう。先ず therefore から

1. This new system works satisfactorily, therefore we will have to increase the cost twice as much as the old one.
2. This new system works satisfactorily; therefore we will have to increase the cost twice as much as the old one.
3. This new system works satisfactorily. Therefore we will have to increase the cost twice as much as the old one.
4. This new system works satisfactorily; we will have to increase the cost twice as much as the old one.

however, therefore などの誤用

次に however を検討してみよう。

1. This is a rule, however, there are a few exceptions to it.
2. This is a rule. However there are a few exceptions to it.
3. This a rule; however there are a few exceptions to it.
4. This is a rule; there are a few exceptions to it.

解説

以上からお分かりのように therefore も however も同じ構文で，
1. すでに説明したように間違いである。
2. However と大文字で始めているため，前文と内容が異なることを強く表している。
3. セミコロンに続くので，ごく普通の用法である。
4. セミコロンだけで，文法上も間違いではないが，読み手は therefore か however かを判断しなければならないので，実用文では避けたほうがよい。

・・

therefore や however などと同様に注意すべき接続副詞に furthermore, moreover, nevertheless, on the other hand などがある。

★★★練習問題★★★

次の文の誤りを正しなさい。

1. Light parts often decrease in strength, on the other hand, strong parts increase in weight.

   _____
   _____

2. During the night, the water will be pumped back to the lake that feeds the turbine during the day. The operation looks like perpetual motion, however it is possible because of the linking together of both steam and hydro plants.

   _____
   _____
   _____

（解答は 160 ページ）

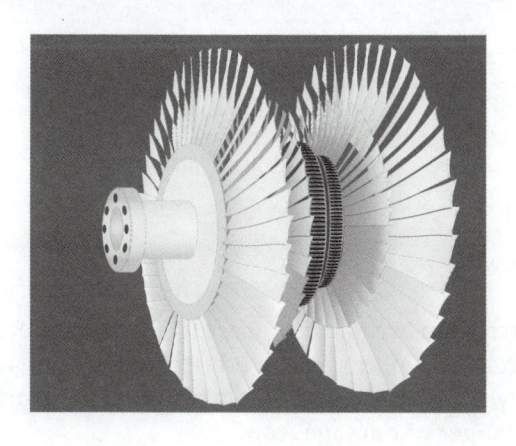

however, therefore などの誤用

ルール25　述べる順序に注意

何をするにも順序が大切である。手術などで順序を無視すると生命を左右しかねない。機械の使用説明書でも順序を無視すると使用出来ないばかりか機械を壊しかねない。企業などで社員に順序を質問すると、ほとんどが「時系列」と答えてくる。内心、「時系列」という考え方でよく今まで何の障害もなく仕事をすることが出来たな、と危惧の念を抱くことが多々ある。

英米では、順序を次のように指導している。

- **Descending order of importance**（重要な順）
- **Chronological order**（時間順）
- **Spatial order**（空間順）
- **Alphabetical order**（アルファベット順）

上の4項に該当しなければ、次の「文化の違い」を考えなければならないが、英米では指導していない。われわれ日本人は「文化の違い」を習得しなければならない。

- **Speciific order reflecting cultural differences**

以上を覚え易い方法として頭字語 DCSAS を頭に入れておくとよい。

順序について、詳しくは拙著『ICT時代の英語コミュニケーション：基本ルール』（南雲堂）参照して下さい。

・・・・・・・・・・・・・・・・・・・・・・・・・・・・・・・・・・・・

★ DCSAS を例文で考察してみよう。

1. The problem which may result from an electrical power failure at the plant involve both personnel and facilities. Employee injuries could result from …. The plant itself could be in danger of damage from ….

（工場が停電すると従業員と施設の両方に問題が起こる。従業員の怪我は…から起こるだろう。工場は…から被害を受けるだろう）

解説

この文は Descending order of importance の例で，personnel と facilities の 2 つを重要な順に単語で挙げて，それに続く文で personnel に対して employee injuries を用い，facilities の対して The plant を用いて詳細の説明に入っている。

2. Most people have to see, hear, smell, taste, and feel things, known as the five senses.

   (大抵の人は物を見，聞き，嗅ぎ，味わい，感じなければならない。これらは 5 感として知られている)

解説

これは「視聴覚，味覚触角」のことで Descending order of importance（重要な順）で述べられていて，この順序は変えることはできない。

3. To look their best in exhibition, birds must be washed in warm water with a mild detergent, then thoroughly rinsed and dried.

   (展示会で鳥を最高の状態で見せるには，鳥を中性洗剤を含んだ温水で洗い，完全にゆすいで，乾かさなければならない)

解説

この文は Chronological order の例で，wash, rinse, dry の 3 過程を時間順に述べている。

4. The equipment for this experiment, recently fabricated in our laboratory, is a rotary drum filter apparatus designed to enable the filtration process to be inspected. The apparatus consists primarily of a slurry pan, a rotary drum filter, a variable motor, and a glass collection container. (Fig. 1)

   (我々の研究所で最近造られ，この実験に用いられた機器は回転式ドラムフィルターで濾過工程が観察できるように設計されている。この装置は主にスラリーパン，回転式ドラムフィルター，可変式モーター，ガラス製の収集容器から構成されえいる（図 1））

解説

この文では図などを説明するときに利用される Spatial order の例で，a slurry pan, a rotary drum filter, a variable motor, と a glass collection container のように上から下へと説明する例である。north and south（南北）；east, west, north, south（東西南北）；up and down（上下）；raising and lowering（上げ下げ）；right and left, left and right（左右）；rising and falling（抑揚）

これらも上から下，左から右へと説明する Spatial order の例である。

述べる順序に注意

5. the rich and the poor（貧富）; profit and loss（損得）; peace and quiet（平穏無事）; friend and foe（敵味方）; light and darkness（陰陽）; (both) young and old（老いも若きも）; joys and sorrows（苦楽）; both sides (a right side and a wrong side)（裏表）; rising and falling（抑揚）; supply and demand（需要と供給; the sweets and bitters of life（人生の苦楽）; food, clothing, and shelter（衣食住）

解説

これらの例は，文化の違いを示している。日本では「悪いことを最初にいい，良いことを後からいう習慣があるが，欧米では「良いことを先にいい，悪いことを後からいう習慣がある。

6. cup and saucer（受皿付きカップ）; ladies and gentlemen（拝啓）; on-off switch（切替えスイッチ）; method and knowledge（知識と方法）; (a matter of) life and [or] death（生死）; men and women（男女）; plus and minas（プラスマイナス）; pots and pans（鍋釜）

解説

この例は学校では口調と習ったが，and で 2 つの単語をつなぐ時，短い単語を前に言うと口調が良いのである。

　実用英語では，絶えず相手のことを考える You-attitude だから You and I と言い，you を先にいい，I and you とは通常は言わない。しかし，お互いに悪いことをしたときは，I and you の構文で言う。例えば，アメリカの Bush 大統領が脱税で問題になったとき，奥さんは，

I and my husband are guilty of tax evasion.
（私と主人は脱税の罪を犯しています）

と I and you の形で述べている。

★★★練習問題★★★

次の各文は，それぞれどのように展開されるかを述べなさい。

1. This report covers production, safety, and the status of the 5th Shift program for the first six months of 20XX.

   _____
   _____
   _____

2. Our study indicates that there is no salt present in the formation which underlines the Fermi site. This conclusion is supported by visual inspection of cores taken from the upper part of the Formation at the site, by published reports on the Salina, and by well-logs and drillers' reports from the area.

   _____
   _____
   _____
   _____

述べる順序に注意

3.
次は某医療センターのレントゲン待合室に書いてあった英語の指示文です。今まで学習してきた順序，文化の違い，Collocation など，から訂正してみよう。

（原文のまま）

To Patients

Please register at the front desk of the Radiology Department with your registration card.

1. After registration, please wait on the bench until the technologist calls you.
2. The order you are called may vary depending on the urgency or the type of the radiographic examination.
3. If you are or think you may be pregnant, please notify the staff.
4. Enter the examination room only after instruction from the staff.
5. Keep your belongings and valuables with you all the time.
6. Do not touch or operate the radiographic equipments.
7. If you are not called within 15 minutes, please notify the staff.
8. If you have any question regarding the examination, please do not hesitate to ask the staff.

（解答は 160 ページ）

ルール26　略語の種類と作り方

　月名「1月」を Jan.,「2月」を Feb.,「3月」を Mar. などと，好んで略語にする人がいる。次の様な略語も散乱している。

　　hour → hr.
　　minute → mini
　　second → sec.

h.w.c. を height of water closet と解して裁判になった例がある。正しくは housing of the working classes（労働者階級の住宅）だったのである。

　　「交流（電気）」
　　AC, **A.C.**, **ac**, **a.c.**

どれも OK，統一して使う。

　　CA（**C**alifornia）と **C.A.**（**C**entral **A**merica）

では省略符の有無で内容が異なる。州名には省略の period は付けない。

　　PC（**p**ersonal **c**omputer; **p**olitical **c**orrectness; 他 15 あり）

略語を使う人は，文書を蔑(ないがし)ろにしていると判断される傾向にあるので，正式文書や PhD 論文などでは，略語は出来る限り避けたほうがよい。

略語の構成

a) **ZIP**（**Z**one **I**mprovement **P**lan「アメリカの郵便番号」）のように［zip］と読むものや, *radio detecting and ranging* → **radar**（レーダー）のように［reidar］と一語として読むものを頭字語（**Acronym**）という。

b) **GNP**（**G**ross **N**ational **P**roduct「国民総生産」）や **CIM**（**c**omputer-**i**ntegrated **m**anufacturing「コンピューター統合生産方式」）のように，一文字ずつ読むものを頭文字語（**Initial word**）（3 語の略語が多い）という。

c) **ad**（**ad**vertisement「広告」）や **exam**（**exam**ination「試験」）のような短縮形（**Shortening**）という。

d) **smog** (smoke + fog「スモッグ」), **motel** (motorists' hotel「モーテル：自動車旅行者の宿泊所」) のような混成（**Blending**）もある。

e) **p.**（複数形は **pp**「ページ」），**l.**（複数形は **ll**「ライン：行」）

f) ラテン語からの略語。**e.g.**（**exempli gratia**, for example「たとえば」），**i.e.**（**id est,** that is「すなわち」），**ditto**（**dictum**, the same「同じ」）などの使用には注意したほうがよい。

・・・・・・・・・・・・・・・・・・・・・・・・・・・・・・・・・・

注意 1

etc. (et cetera)

・Technology results in producing washing machines, record players. automobiles, electronic computers, antibiotics, nuclear weapons, *etc*.
（科学技術のおかげで，洗濯機，プレーヤー，自動車，電算機，抗生物質，核兵器などができた）

の文は，

Technology results in producing new processes and new products *such as* washing machines, record players, automobiles, electronic computers, antibiotics, and nuclear weapons.

→ such as; for example; including などを使うことにより曖昧な etc. を使わない。

注意 2

To provide a reliable performance, the receive multiple-beam antenna (MBA) must have low sidelobe and crosspolar levels of better than -25 dB to reduce the effects of interference and jamming [1], [2]. Stem [3] has shown that for any MBA with overlapped beams, cross coupling between the feed lines is unavoidable, and as a result, efficiency values of only 50% or less are achievable. – IEE: *Transaction on Antennas and Propagation*, October 1995,1036.

→ multiple-beam antenna の次に（MBA）と略している。これを逆にして MBA（Multiple-beam antenna）と表記すると，学校などでの，人に教えるテキスト類で，失礼な表記法である。

注意 3

In the last decade, several new time domain-analysis methods have become popular, including the many finite difference time domain (FDTD) codes now in use. Application of EDTD to helices would be an illuminate exercise, especially in light of the results being achieved for other antennas [10], [11].

→ 注意 2 の説明と同じ。

注意 4

Specially, we showed that the cortisol-specificity of the glucocorticoid receptor ligand-binding domain (LBD) evolved from a more promiscuous ancient receptor that was activated by the mineralocorticoids aldosterone and deoxycorticosterone (DOC) and albeit more weakly, by cortisol. The new specificity of glucocorticoid receptors (Fig. 1 a-c) evolved because of …

→ 注意 2 の説明と同じ。

★★★練習問題★★★

次の語の略語にしない元の英語を書きなさい。

1. sonar → (   )
2. maser → (   )
3. STAP   → (   )
4. scuba → (   )
5. PIN   → (   )
6. laser → (   )

(解答は 161 ページ)

ルール 27　カタカナ英語に注意

　技術分野ではカタカナ英語がすこぶる多い。しかし，その多くが日本人にしか理解できない和製英語だから，英語で表すときには注意をしなければならない。したがって，日常的に使っているカタカナ英語は，使用する前に辞書でよく調べるべきである。

1. 英語に日本語を組み合わせた形

　「(女性の)パンティストッキング」は panty hose という。複数扱いだから，数えるときは a pair of panty hose である。

「(車の)スパイクタイヤ」	stud tire
「(車の)サイドブレーキ」	parking brake
「コインロッカー」	coin-operated locker (英), locker (米)
「ハードスケジュール」	heavy (または tight) schedule

2. 英語を短縮した形

「ワープロ」	word processor
「パソコン」	personal computer
「エアコン」	air conditioner
「アフレコ」	after recording
「セロテープ」	cellophane tape
「ドライバー（ねじ回し）」	screwdriver

3. 独特の造語

「コンセント」	家庭では wall socket〔専門家は outlet という〕
「フロントガラス」	windshield (米), windscreen (英)
「アンケート」	questionnaire
「サインペン」	felt pen
「ヘルスメーター」	bathroom scale
「ホッチキス」	stapler
「(自動車の)ハンドル」	steering wheel
「ガソリンスタンド」	gas station, filling station (米), petrol station (英)

★★★練習問題★★★

次の和製英語を正しい英語に直しなさい。

1. アフターサービス　　（　　　　　　　　　　）
2. ステンレス　　　　　（　　　　　　　　　　）
3. （郵便）ポスト　　　（　　　　　　　　　　）
4. ヘルスセンター　　　（　　　　　　　　　　）
5. バックミラー　　　　（　　　　　　　　　　）
6. マイコン　　　　　　（　　　　　　　　　　）
7. ブラウン管　　　　　（　　　　　　　　　　）
8. アルミニウム　　　　（　　　　　　　　　　）

（解答は 161 ページ）

カタカナ英語に注意　　105

ルール28　無視できない句読法

1. Period (.)

ピリオド，コンマの順に内容の切り目が小さくなることを意味する。主な用法と注意点を述べる。

1.1 平叙文，命令文，間接疑問文の後

平叙文	The paragraph is the major building block.
命令文	Turn off the computer.
間接疑問文	They asked me which way they should go.

1.2 文中の省略には period を 3 つ，文末には 4 つ

文中の省略	Characteristically, he compared himself to Christ … harassed by Pilate and Herod.
文末の省略	When this adventure was at an end, I cam back out of my house ….

（注）省略の 3 つに period を付けるので 4 つになる。しかし 3 つで統一をとっている新聞もある。

1.3 略語の後

Names:	J. C. Mathes
Degrees:	B.A., M.S., Ph.D.
Months:	Jan., Feb., Mar.
Titles:	Dr., Mr., Mrs., Ms.
Others:	pp., p.m., ibid., St., Ave., B.C., A.D., A.M., a.m., P.M., p.m.
	例　43 B.C.　A.D. 1450　10:04 A.M. (or a.m.)

（注）政府の機関，テレビ局，ラジオ局，航空会社，社名などには省略の period を普通は付けない。NATO, FBI, JTV, FEN, JAL, AA, IBM, TDU

1.4 箇条書きを表す数字やアルファベットが括弧に囲まれていないとき

1. Flood control
2. The proper use of land
3. The production of electric power

1.5 目次のリーダー

> **CONTENTS**
> **Miniaturization** 3
> **Why is Temperature Rising?** 10
> **Industrial Pollution** 15

1.6 ピリオドを付けない場合

次のような場合は通常はピリオドを付けない。

a) 略語から記号や符号になったもの
   H　(hydrogen)
   Fe　(ferrum=iron)
   AC　(alternating current)
   H　(鉛筆の硬さを表す単位の hard)

b) 度量衡の単位などの後
   mph (miles per hour)
   rpm (revolution per minute)
   hp　(horse power)
   lb　(pound)

c) ローマ数字の後
   King Edward IV

d) 表題，副題，見出し
   Learning the Language
   Magnetism: And Electricity
   Singing in the Rain

無視できない句読法　　107

e) 立て札，掲示，看板
Keep Out
Lost and Found
Smoke-free building

（注）ただし，「主語＋述語」の形をとっている文はピリオドを付けるのが普通である。
Kindly refrain from smoking.

f) 数式の後
Therefore, the complete shop order number will be 145-8768

（注）ただし，数字や式の行が変わらなければピリオドを必ず付ける。
The girl clerk has now solved the equation: D=(A-B)+C.

★★★練習問題★★★

次の英文の規則違反を指摘しなさい。

Faulty

Hospital routine is easier to follow in the A.M. than in the P.M.

Revised

_____

_____

（解答は 162 ページ）

2. Comma (,)

すでに述べたように，ピリオド，コンマ，コロンの順に内容の切り目が小さくなることを意味する。主な用法と注意点を述べる。

例

Confusing:

At eighteen people are considered young adults.

Revised:

At eighteen, people are considered ....

eighteen の後にコンマを打つことにより，一瞬にして内容が明確になる。

Restrictive:

Every question that has a reasonable answer is justifiable.

Compare:

Every question, that has a reasonable answer, is justifiable.

前文は主語の文が長すぎて，述部と不釣り合いなだけでなく，内容もつかみ難い。両者の意味の違いについては p.74 参照。

2.1 一連の項目を切るとき

To echo Wilkinson, what is the uncertainty, confusion, contradiction, controversy, or gap in knowledge?

2.2 従属文の後

While different journals today define their own selection criteria for articles somewhat differently, most journals describe their criteria in ways that echo Day's and Deflakey's lists of criteria.

しかし従属文が短いときやコンマが無くても意味が容易に把握できるときは用いない。

無視できない句読法

As we go along we will, of necessity, briefly compare and contrast articles with other types of research documents such as reports and dissertations.

（注） As we go along の後にコンマを入れてもよい。

2.3 同等の形の形容詞が並ぶとき and の代わりに用いる

The calm, clear water of the river looked inviting.

2.4. 日と年の間や数える数字の後

August 10, 2006
1,398

数えない番地などは 1398 とコンマを付けない。

2.5 町と市の間

英語では，
San Francisco, California
のように州の前に打つ。

日本のローマ字で 1 行で書くときは，
Tsuda-machi, Kodaira-shi, Tokyo
のように町と市の後に打つ。

手紙の葉書や封筒に書くときは，
1-2-3 tudama-machi
Kodaira-shi, Tokyo 187-1234 Japan
のように 2 行で書くので，市のあとだけに打つ。

2.6 頭語の後

Dear Mr Smith,
（注） 米国では Dear Mr. Smith: とコロンを使う。

2.7 語(句)が連続するとき and の前

At Kentucky Lake we spent most of the day: boating, fishing, and skating.

2.8 非接続詞用法の関係代名詞の前

He has three sons, who became engineers.
（彼には3人の息子がいたが，3人とも技術者になった）

※息子は3人しかいなかった。

He has three sons who became engineers.
（彼は技術者になった3人の息子がいた）

※息子は3人以外に他にもいたことになる。

2.9 重要な情報を追加するとき

Mr. Stevenson, who used to be a stockholder, now lives in Ann Arbor, Michigan.

2.10 同格の名詞はコンマ，ダッシュ，括弧で内容に変化

a) **Mr. Stevenson, a stockholder, now lives in Ann Arbor, Michigan.**
b) **Mr. Stevenson—a stockholder—now lives in Ann Arbor, Michigan.**
c) **Mr. Stevenson (a stockholder) now lives in Ann Arbor, Michigan.**

2.11 導入の副詞のあと

Before we begin, *though*, what do we really mean by those terms?

***Confusingly*, the terms, article, and paper are often used interchangeably.**

2.12 感嘆詞の代り

Yes, I quite agree with you.
No, I'm sorry I can't.

3. Colon (:)

すでに述べたように，ピリオド，コンマ，コロン，セミコロンの順に内容の切り目が小さくなることを意味する。主な用法と注意点を述べる。

3.1 引用符 (quotation) の前

Stevenson observed: 'Ask not what your country can do for you; ask what you can do for your country.'

3.2 リストの前

Three vehicles were side by side waiting for the light to change: a car, a bus, and a truck.

3.3 タイトルの副題の前

Technical Communication: A New method

3.4 時間と分の間

6:30 pm
1:15 pm

（注）英では 6.30 pm, 1.15 pm のようにコンマが多用される

3.5 頭語 (Salutation) の後

Dear Mr. Smith:

（注）英では Dear Mr Smith, のようにコンマが普通

3.6 参照文献の巻数とページの間

Successful Technical Writing (2:118)
Americana 19:150

★★★練習問題★★★

次の英文を正しなさい。

1. Not: Two experiments conducted by Prof. Ishikawa are: AB Batteries and Arms for ABC Robot.

    But: _____
    _____
    _____

2. Not: Dr. Hatakeyama possessed the qualities of an informative messenger, such as: humanism and a deep interest in classical music.

    But: _____
    _____
    _____
    _____

（解答は 163 ページ）

4. Semicolon（;）

4.1　however, therefore, also, besides, thus, accordingly, then, thus, furthermore, moreover, then, otherwise などの前

A is true; *however*, B is also true.

The new system works satisfactorily; *therefore* we will have to increase the cost twice as much as the old system.

The motion here is assumed to be parallel to the direction of the electric field; *otherwise* the particle does feel a force altered by relativity.

4.2　文と文を結ぶ however や therefore を省略すとき

Repetition is indispensable; redundancy is not. の文は，

Repetition is indispensable; however（或いは **therefore** の可能性もある）**, redundancy is not.** のこと。

4.3　文をコンマで切り，更にその中を切るとき

Instruments on the panel display information that requires crew members to take certain actions; these are monitored by the control computer, which compares them with what they should be and changes the displays accordingly.

4.4　2つ以上の語句，節，文などが等位接続詞で結ばれているとき

In the center is sketched the third order mode; this oscillation has a frequently three times that of the oscillation at the top; it is said to be its third harmonic.

　（注）　この文のセミコロンはピリオドで切ることもできるが，セミコロンのほうがそれぞれの文の関係が強い印象を与える。

4.5　3つ以上の同じ内容のものを区切るとき

Those present were: Satoru Adachi, president; Aiji Tanaka, Director; Shinichi Harada, Manager, and Satoru Asahi, a lawyer.

（注）and の前はコンマで切る。

★★★練習問題★★★

次の英文は何が内容を曖昧にしているのでしょうか。

The new system works satisfactorily, therefore we will have to increase the cost twice as much as the old system.

___

___

___

（解答は 163 ページ）

5. Parentheses ( )

5.1 説明やコメントをするとき

We will talk about writing scientific and technical articles (articles for short).

What was the problem? (your answer is your introduction.)

5.2 リストするとき

They publish two different types of articles: (1) those that report , of the first time, the results for original research and (2) those that review and synthesize the prior published research on specific topic.

5.3 正式な文の中で数字で説明するとき

**The convention was attended by fifty-five (55) people.
He promises to pay five hundred dollars ($500) five months from the date of this note.**

5.4 略語で置きかえるとき

The purpose of this paper is to investigate the feasibility of using an octenyltrimethoxysilane (OCS) self-assembled monolayer (SAM) as a high-resolution electron beam (EB) resist.

次の文から，ここに示した略語を使うことを暗示している。

5.5 文中で一つ一つ列挙するときの数字やアルファベットを囲む

例1 **The crater-ridge is made up of**
  (1) a straight line *AB* at 45°C to the site *MF*
  (2) a parabola from *B* to *C*, focus *F*, vertex the midpoint of *MF*
  (3) a parabola from *C* to *D*, focus *F*, vertex the midpoint of *FG*

例2 The outline of the report looked like this:
(a) Problem Identified
(b) Solution Planned
(c) Time to Completion

5.6　本名にニックネームを付加するとき

Richard (Dick) Murto
Robert (Bob) Dicken

★★★練習問題★★★

次の英文を Parentheses を入れて明確にしなさい。

1. Not: For twelve years 1938-50 the federal government forced the studios to sell all their movie theaters.

   But: _____
   _____
   _____

2. Not: Students can find good-quality, inexpensive furniture for example, desks, tables, chairs, sofa, even beds in junk stores.

   But: _____
   _____
   _____

（解答は 163 ページ）

6. Brackets [ ]

6.1 数式の中

For the vector V = [*a,b*](also denoted as ....

（注）集合を表す符号では {[( )]} の順になる。

6.2 （ ）の中の説明

We confirm our opinion (see *Three Basic Part of a report* [Second Edition] page 8).

The brightness shades of the space pictures are divided into signal strengths (numbered from 0 [white] to 63 [black]).

6.3 参照箇所を示すとき

With issue of this letter, TB-5555 is considered closed. [The ending of the test report on front end sheet metal mounts, Figure 3]

6.4 ラテン語の sic（原文のまま）と共に

It was stated that Laika was put in orbit by the USSR on November 4 [*sic*], 2005.

6.5 「ページから続く」「ページへ続く」のような句

[Continued from page 150]
[To be continued on page 100]

6.6 発音記号を囲むとき

Fortunately, Alexander Graham [greiəm] **Bell, who invented the telephone, did not have to discover these principles.**

★★★練習問題★★★

次の英文の適切な箇所を Brakets で囲みなさい。

Not: That Kitasenjyu Station just western part of Tokyo is one of the busiest in the nation

But: _____
_____
_____

（解答は 163 ページ）

7. Dashes (—)

7.1 説明を追加して明確にしたいとき，別の語で言い換える

The purpose of explaining a process is to explain how the output of the process is achieved—the output is the end result of the process.

7.2 直前の内容を強調して同格の形で説明するとき

You might add a negative definition, an etymology, an operational definition, or a stipulative definition—the restricted meaning you intend to use in the context of a specific discussion.

7.3 that is, namely, e.g., i.e. などの前

A neuron is about the size of a large organic molecule—that is, about a hundred-thousandth of a centimeter in diameter—while the axons sometimes extend for several feet.

7.4 コロンの後

The types of blank-holder used in practice can be divided into two main classes:—
Type 1:　The loading is provided by springs, or ... Copyright to Y. Shinoda
Type 2:　Blank-holder load is provided by pneumatic or hydraulic cylinders ....

7.5 時代，時間，日などで「～から～まで」を意味するとき

Conduct equilibrium isotherm studies over a range of 5℃—25℃.
May—July 2006
2001—2006
7:00—10:00

7.6 ページ数，参照番号などの継続

pp. 50—55
***Americana* 10:5—11:15**

★★★練習問題★★★

次の英文中で適切な箇所にダッシュを用いなさい。

1. Sometimes compound words that include the same element are spelled differently. For example, cross-reference, cross section, and crosswalk.

   _____
   _____
   _____

2. The number of active movie screens that is, screens showing films or booked to do so is higher now than at any time since World War II.

   _____
   _____
   _____

（解答は 163 ページ）

8. Italics

8.1 作品名，雑誌名，新聞名，パンフレット名，映画やテレビなどの題

Successful Technical Writing
Nature, Scientific America
Herald Tribune

（注）題名に下線を引くと，イタリックを意味する。

次の or は雑誌名ではないのでイタリックにしない。

Manchester Guardian or *Manchester Guardian*

8.2 航空機，船，宇宙船，列車などの名前

Spirit of St. Louis
Cambera
Queen Elizabeth II
Sputnik

8.3 英語でない外国語

英語になっている外国語はイタリックにしない。

tunami
per diem
ki-syo-ten-ketu

英語になっていないのでイタリック。

8.4 文字とか数として使われるとき

Japanese speakers have trouble pronouncing the letter *l* and *r*.
A large *5* was painted on the door.

9. Hyphen [-]

9.1 ハイフンで語の切り方（分綴法の原則）

アメリカ式は発音で，イギリス式は語源で切るが，発音で切る方法を採用する。

9.2 音節をなさない -ed の前では切らない

aimed
helped
passed
spelled

9.3 次の接尾辞は切れない

-ceous
-cial
-cion
-cious
-geous
-gious
-sial
-sion
-sure
-tal
-tial
-tion
-tious など

9.4 語源で切る

mak-ing
faul-less

9.5　接頭辞，接尾辞は，その境で切る

    im-possible
    ir-radiate
    progres-sive
    im-pover-ish

9.6　現在分詞，動名詞を作る ing の前に同じ子音が2つ重なっているときは，その子音字の間で切る

    run-ning
    stop-ping

9.7　長母音，二重母音はその直後で切る

    lu-bricant
    sau-cer
    mi-crophone
    ma-ter

9.8　アクセントのある短母音は次の子音字の後で切る

    （注）ただし，th, ph, sh, ch, tch, sy, day などは1字とみる。

    mathemat-ics
    proph-e-sy
    ratch-et
    rehabil-i-tate
    yes-ter-day

9.9　子音字が2つ以上あれば，最初の子音字で切る
　　同じ子音字が2つあれば真中で切る

    fran-chise
    mas-ter
    propel-ler

9.10 アクセントのない母音字の次で切る

ani-mal
custo-dy
binocu-lar

9.11 l, m, n, r は半母音だから，語尾における「子音 + l, m, n, r」は一音節とみなすので，その前で切る

a-ble
peo-ple

（注）固有名詞，数字，略字，方程式やハイフンで結合している語は切らないのが普通である。

9.12 ハイフンを用いる場合

9.12.1 名詞に 2 つ以上の修飾語が付いているとき

a little used car は
a little-used car では「少し使った車」のことになり，
a little used-car では「小型中古車」になる。

（注）ただし，-ly で終わる副詞の後ではハイフンは不要。

a highly developed machine
a well-trained engineer

9.12.2 21 から 99 までの数字をスペルアウトするとき

twenty-one
ninety-nine

9.13.3 分数

one-third
two-fifth

（注）ただし，a third と記す場合は不要。ハイフン無しのときは two fifths と複数形にする。

★★★練習問題★★★

次の各文のハイフンを検討しなさい。

1. The shiny, spinning space capsule dropped suddenly from the clouds.

2. The book's owners were shocked when their well-thumbed and smudged volumes were returned.

3. The words were arranged alphabetically in large ledger books, with enough room between words for definitions.

（解答は 164 ページ）

10. Solidus [/]

斜線を oblique stroke とか oblique line と言うが，単に oblique とか slash とも言う。読み手に and か or か明確に判断できないときは使用しないほうがよい。

Negative: Hot/cold extremes will spoil the materials.
　　　　　Hot and cold extremes ... が好ましい。

Negative: The machine will be operated on AC/DC.
　　　　　... on AC or DC. が好ましい。

・・

10.1　分数を示すとき

1/3　　2/5　　2 1/5　　x/a+ay/4

10.2　年が2年連続するとき

ダッシュでなく斜線を用いる。

summer 2006/07
fiscal year 2004/05
350/351 â.ñ.

（注）なお，年月日を 2006/7/1 とか 7/10/2006 のように書くのは，国によって月と日の書き方が異なるから避けたほうがよい。

10.3　perの代わりに用いる

km/hr
m/h

10.4　語を列挙するとき

New York/London/Paris/Tokyo

10.5　混合物を記すとき

the methane/oxygen/argon (1:50:450) matrix
あるいは
the methane/oxygen/argon (1/50/450) matrix

11.　Ellipsis Mark（省略記号）

省略は「…」で表す。通常はピリオド3つで表すが，文が終わるときには4つ付ける。しかし，新聞などはすべて3つにしている。

例1　**Primary criterion for acceptance of a contribution for publication … that it must report high-quality new chemical science.**

例2　**A fundamental reaction in organic chemistry is the nucleophilic aromatic substitution reaction which has been known for more than 100 years ….**

12.　Numbers（数字）

科学技術文では，数字は全てスペルアウトしないで数字のまま書くのが普通である。ビジネス文では10以上を数字で書くと説明してある参考書もある。しかし99まではスペルアウトすると書いた指示書もある。大切なことは，統一をとることである。

12.1　Day や Year は数字

12.2　Pages, Chapters, Volumes, Lines, Decimals, Percentages, Fractions は数字

12.3　Address, Scores, Statistics は数字

12.4 Exact amount of money や The time of day

$5.40
$4.5 million (or $4,500,000)

（注） billion に注意。

at 10:00 AM on May 15

12.5 文頭は数字で始めない

Not: 55 elements are required in that experiment.
But: Fifty-five elements are required ….

★★★練習問題★★★

次の各文の数字を検討しなさい。

1. The planet Saturn is nine hundred million miles, or nearly one billion five hundred million kilometers, from Earth.

   _____
   _____

2. 15 to 20 times denser than Earth's core, Saturn's core measures 17,000 miles across.

   _____
   _____

3. Saturn orbits the sun only two and two-fifths times during the average human life span.

   _____
   _____

4. The temperature at Saturn's cloud tops is minus one hundred seventy degrees Fahrenheit.

   _____
   _____

（解答は 164 ページ）

29 有益な辞書

英英辞典

Longman Dictionary of Contemporary English—桐原書店
Cambridge: International Dictionary of English—丸善株式会社
Macmillan English Dictionary—丸善株式会社
McGraw-Hill: Dictionary of Scientific and Technical Terms
IEEE Standard Dictionary ofo Electrical and Electronics Terms

英和辞典

『新英和大辞典』研究社
『リーダーズ英和辞典』研究社
『ジーニアス英和辞典』大修館書店
『ルミナス英和辞典』研究社
『新英和活用辞典』研究社

和英辞典

『ルミナス和英辞典』研究社
『新和英大辞典』研究社

類語辞典

Webster's New Dictionary of Synonyms: G. & C. Merriam Company
Oxford Collocations: Dictionary of Students of English: Oxford University Press
Macmillan Collocations Dictionary for Learners of English: Macmillan Education

30 参考書

篠田義明：『コミュニケーション技術』（中公新書）
　　　　　『ビジネス文 完全マスター術』（角川 One テーマ 21）
　　　　　『ICT 時代の英語コミュニケーション』（南雲堂）
　　　　　『科学技術英文の論理構成とまとめ方』（南雲堂）
　　　　　『科学技術英語の正しい訳し方』（南雲堂）
　　　　　『科学技術英文の書き方セミナー』（南雲堂）
　　　　　『賢い人の英語コミュニケーション法』（丸善出版）
　　　　　『工業英語』（朝日出版社）

参考　Presentation で用いる英語

スピーカーの最初のことば

紹介されたら，次のような英語で話し始めるのが普通である。

Thank you, Mr. A(司会者の名前)**, for that very kind introduction. I deeply appreciate the opportunity to give some of my thoughts concerning the**(話のタイトル)**. At the beginning of my presentation, let me explain …**

また，最初に司会にお礼の言葉を述べたなら，

First a little background.

と言って，少し自己紹介をしてもよい。

重要表現

最初に切り出す表現

Thank you for your kind introduction. Let me start to explain my idea of ….

Thank you very much for giving me a chance to speak to you today.

自己紹介する表現

Please let me introduce myself. I am Taro Suzuki.

要旨を述べる表現

I would like to give you a summary of my today's talk.

First, let me outline my today's talk.

I should like to make two points about …. The first point is that …. The second point is that ….

注目を引くときに使う表現

I call your attention particularly to the following points:

Let's consider this point in more detail ....

課題に関心を持つようになったことを表す表現

Now, I will explain how I became interested in this subject.

自分の考えを述べる表現

I think ..., I believe ..., I feel ... のような自信のない語は避けるほうがよい。

My investigation shows that ....

This experiment shows that ....

Let me consider ....

Let me talk a little bit about .... There are in fact two very different ....

共同研究したことを述べる表現

Some of the idea I am going to share with you today, I have developed in association with one of my colleagues, J. C. Mathes. We share ....

強調する表現

What I want to emphasize is that ....

The most important is that ....

表や図を使って表現

Figure 3 shows that ....

As Figure 3 shows, this phenomenon indicates ....

This slide shows that ....

This figure indicates that ....

Please look at the graph on page 10.

Let me explain it simply using this slide.

方法を述べる表現

In this section, I use singular perturbation methods to analyze ....

The first approach is the one you should all be familiar with, because it's probably the approach ....

The second method that I want to talk about is .... The third method that I want to talk about is ....

例を挙げる表現

For example,

Now, let me give you an example.

Now, let's take an example.

This case shows a good example of ....

Here is an example of ....

引用する表現

As Professor Dwight W. Stevenson says in his book, *Design of Technical Communication* that ....

To refer to what Professor J. C. Mathes explains in his article, ...

理由を述べる表現

The reason why I am telling you these details is because I am sure that it is important to understand ideas in relation to ....

結果を述べる表現

We can predict following results:

This fact appears to be an especially fruitful area for further research.

対策を述べる表現

By way of solution, we must develop a basic policy.

視野を述べるときの表現

We should consider this matter from a more general approach.

問題を述べる表現

This problem is a topic of interest the world over, and as all well know, has been frequently discussed.

今後の動向を述べる表現

The whole matter will depend on how things move from now on.

意見を後で伺うときの表現

There must be many opinions on this point, but I would like to ask you to hold discussion until the end of my presentation.

最後に要点をまとめるときに使う表現

In summary today I have presented some major techniques we can use to improve the automobile navigation system. As far as future actions are concerned, I would hope that you would further study these techniques so that all of your navigation systems can be improved.

話を移す表現

Now, I'd like to move on to ….
Now, let's cycle back to the topic.
Let me turn now to page 3.

質疑応答に使う表現

Well, we do have some time for questions, so please ask any of you might have ….

Are there any questions?

まとめの表現

In closing, I'd like to summarize the points of my today's talk.

Now let me summarize the main points.

I'd like to conclude my talk by emphasizing the main points ….

In conclusion, I'd like to say that ….

Finally, I'd like to remind you of some of the issues we've covered.

In this talk, I have only given you brief indications, in the form of references rather than actual information.

質問を受けるときの表現

（注）Do you have any questions? は失礼な英語。

Are there any questions?

I hope you have questions.

If you have any questions, I'd be more than happy to answer them.

I'd be glad to answer any questions if there are.

Please do not hiestiate to ask questions.

Are there any further questions?

質問するときの表現

（注）I have a question. は失礼な英語。

I'd like to ask you questions.

I'd like to raise two questions about …, Dr. Stevenson.

Your idea brings me back to the question of ….

質問に答えられないときの表現

（注）I don't know. は幼稚だから避けたほうが良い。

I wish I could give a clear cut answer.

I'm not sure of the answer to that question.

Well, I'm not sure about that.

That's very good question. I'll answer it later.

Professor Stevenson, I wonder if you could comment on ….

相手が言ったことが分からないときの表現

I don't clearly understand what you said.

Could you control your English, please.

Could you adjust your English, please.

反対する表現

（注）I don't agree with you./ I'm afraid that I cannot agree with you. は失礼だから避けた方が良い。

I have another opinion.

I almost agree with you, but I'd like to suggest that ….

I completely agree with you, but may I ask your opinion

about ….

I'm afraid that is impossible.

終わりの表現

I hope my presentation has been of some help to you.

Thank you very much for your attention.

Thank you for being very patient with me, and thank you, Professor Dwight W. Stevenson, for your kind introduction. Thank you.

References

篠田義明著　『国際会議・スピーチに必要な英語表現』（日興企画）
　　　　　　『聴覚と口頭演習による科学工業英語入門』（研究社）
　　　　　　『賢い人の英語コミュニケーション法』（丸善出版）

解答

ルール 2. 幼稚な英語（Weak verbs）から脱皮

次は，70 人か 71 人の学生からの解答である。
人数の書いていない解答は宿題にしていなかったことを意味する。

★★★練習問題★★★

1. After the parts were *checked*, the test was repeated.

   made が weak verb。7 人が正解。After the parts check が 7 人もいた。
   After checking the parts, the test was repeated. が 1 人いたが懸垂分詞構文（従属文の主語が主文の主語となり内容的に矛盾する）となり不可。白紙が 4 人。他は全て不可。

2. The new robot is *equipped with* heavy-duty arms

   has を is equipped with にする。正解は 3 人のみだった。equip(s) だけは文法ミスで 13 人もいた。白紙が 5 人。

3. This electric fan provides excessive vibration.
   でもよいが，

   This electric fan vibrates excessively.
   の方が字数も節約でき，無駄がなくてよい。

   This electric fan vibrates excessively.
   と書いた正解が 3 人いた。

   This electric fan vibrates too much.
   が 6 人いた。

   excessively でなく too much を用いた解答が他に 39 人いた。
   too many（1 人）という文法ミス，heavy（2 人），violent(ly)（2 人），very（1 人），intense(ly)（4 人），renzied（1 人），much（2 人），hard（1 人），so（1 人），書かない人（1 人），白紙が 5 人。

   gives の代わりに provides（1 人），yields（1 人）は OK。
   次の様ないい加減な単語を使った解答もあった。
   inflict（1 人），affected（4 人），overdoes（1 人），generates（1 人），transfers（1 人），overdoes（1 人），cause（4 人），issues（1 人），move（1 人），ingenerate（1 人），occur（3 人），produces（1 人），bears（1 人）

4. Rain *dissolves* minerals and rocks.

   が正解。正解は 1 人だった。正解に近い Rain water dissolve minerals and rocks. が 1 人いたが dissolves と書いていない。rain water は rainwater 1 語で「雨水」を意味するので，ここでは rain だけで良い。69 人中，白紙（4 人）と正解の 1 人以外の全てが rain water だった。

練習問題の解答

5. The experiment was recommended at the conference.

が正解。この問題は 1. と考え方は同じで動詞形のある名詞は、動詞で使うという原則に則っている。正解は 3 人だったが，
The report of the experiment was recommended at the conference. が 1 人で OK。
The experiment recommended at the conference. という文法ミスが 1 人，
Experiment was recommended at the meeting. が 1 人いたが，
何故 experiment に冠詞 The を付けなかったのか，
conference を meeting にしたのか質問したい。前者は格式語である。
白紙が 5 人，後は全てが The recommendation of …で始まっていて不可。

ルール 4. 英語のスタイルに注意

（ここは宿題にしなかった）

★★★練習問題★★★

論文調

The tip of an iron must be cleaned before starting your work.
または，
The tip of an iron requires to be cleaned before starting the job.

契約書調

The tip of an iron shall be cleaned before ….

提案書調

The tip of an iron should be cleaned before ….

説明書（マニュアル）調

The tip of your iron has to be cleaned before ….

インストラクション調

Clean the tip of the iron before ….

参考までに，教科書（テキスト）では次のような英語になります。

テキスト調

You [または We] should [または must] clean the tip of the iron before ….
We should [または must] clean the tip of the iron before ….
あるいは，
You should [must] clean the tip of the iron before ….

ルール 5．大切な準専門用語と専門用語

★★★ 練習問題 1 ★★★

1. vacuum cleaner

   しかし hoover も可，正解 62，誤解 7。
   cleaner は曖昧。米では vacuum も用いるが正式には vacuum cleaner。
   解答には，vacuum-cleaner のようにハイフンでつないだり electric や electrical を付けた解答もあったが不要語である。

2. fluorescent light（米），fluorescent lamp（英）

   正解 53，誤解 16。
   解答には keikoto が 2 人，light が 4 人，lamp が 4 人いたが誤り。辞書で調べて欲しい。誤字もあった。

3. wall socket; outlet

   が正解だが，格式語では receptacle がよい。
   receptacle が 1 人いた。略式語として socket, power point などがある。
   会話では wall socket も可。辞書で確認のこと。
   plug や socket は曖昧で，正式語ではないから注意。

4. [+] Phillips screwdriver，[-] flat-head screwdriver

   プラスのドライバー（Phillips）とマイナスのドライバー（flat-head screwdriver）も覚えて欲しい。69 人中 2 人が driver と解答していた。driver は「運転手」のことになる。screw driver も不可。1 語にする。

5. felt-tip pen

   felt と tip はハイフンで結ぶ。Magic Marker は商標名。口語では marker pen とか felt pen。marker が 2 人，permanent marker が 6 人いたが誤り。正解は 61 名。

6. （米）monkey wrench
   （英）monkey spanner や adjustable spanner

   が正解。spanner や wrench だけでも理解できるが，正式語の使用を勧める。shifting spanner や free spanner と書いた解答もあったが，正式語の使用を勧める。正解 67 名。

7. （米）ground （英）earth。

   1 名が無記名。正解 68 名。

8. （米）capacitor （英）condenser

   condenser は古語。

練習問題の解答

9. （米）expressway; superhighway freeway（米）, motorway（英）
標識は米では Xpway、英では M。
解答には highway（公道）4 人、正解は 65 人。

10. （米）subway（英）tube; underground

11. yard か garden
米では yard が普通。garden は「花壇；野菜などが植えてある所」の区別をして欲しい。flower garden（花園）, kitchen garden（英・家庭菜園）, rock garden（ロックガーデン）, roof garden（屋上庭園）とまで解答した解答者もいた。
全員が正解だったが、yard と garden を区別した人は 69 人中 4 人だった。

12. (research) paper
69 人中 5 人が正しく書いていた。paper（48 人）で良い。essay（1 人）, report（12 人）。writing paper, paper report, written homework などは誤り。

「来週の月曜日までにレポートを提出しなければならない」

My paper must be handed in by next Monday.
I must turn [hand] in [*or* submit] my paper by next week.

が普通だが、

レポートを強調するときは

My paper must be handed in [*or* submitted] by next Monday.

must の代わりに have to を使った人は I will have to .... で始める。

間違いの多くは my paper なのに a paper、「レポート」に essay, report, term paper と書いた解答があった。

助動詞に should を使った人が 2 人いたが間違い。have to と使って will have to ... と書いた人が 2 人、will を使わなかった人が 21 人もいた。

前置詞 by の代わりに until が 7 人、on が 1 人、at が 1 人、since が 1 人、by のないのが 1 人いた。

Monday of next week が 18 人もいた。ここは Monday next week でも next Monday でもよい。なお Monday を monday と小文字で 10 人もいた。Munday が 1 人。

「ロボットのアームに関するレポートを書きました」

I wrote a paper on robot arms.

I wrote で書き始めた人が 60 人だが、間違って write が 2 人、主語の I を書かなかった人が 2 人、did が 2 人、written が 1 人いた。

I have written が 3 人いたが OK。

「関する」に on が 24 人、about が 36 人で、前者は格式語、後者は会話などで多用される。on regarding が 1 人、of が 2 人、related to が 3 人、in regard to が 1 人、in relation to が 1 人、for が 1 人は全て誤り。

「ロボットのアーム」robot arms でよい。arm と単数が 69 人中 58 人もいたのには驚いた。

142 解答

robot's arms や the arms of a robot はＯＫ．robotic arms は「ロボット的なアーム」の意味になる。

★★★ 練習問題２ ★★★

1. **size AA battery**
   正解だが battery（1 人），AA battery（11 人），AA cell（1 人），double A battery などは不可。size AAA battery もいたが「単四電池」になる。決まっている単語は辞書で調べること。

2. **machine tool**
   tooling（1 人），machine（1 人）の他は全てが正解だった。

3. **serviceperson**
   が普通。1 語で綴る。
   service engineer，service staff などでも可だが，serviceman は差別語になるので避けたほうが良い。

4. **special rate in the morning**
   breakfast special
   cut-price service during the morning
   などでよい。morning service では「朝の儀式」になる。

5. **speedometer**
   が普通。-o- を忘れないように。

6. **elevator（米），lift（英）**

7. **gasoline（米），petrol（英）**

8. **One size fits all.**
   辞書で調べた人は殆ど正解していた。
   ただ，one size fits all とか one-size-fits-all のような内容を理解しない解答も目立った。adjustable（6 人）や freesize（1 人）のようないい加減な解答があった。

9. **pliers**
   nippers, wire cutters の理解できる。色々な解答があった。辞書で調べなさい。

10. **oscillating fan**
    revolving fan（7 人），electric fan（12 人）と解答した人がいたが不可。
    辞書で確認しなさい。

11. after-dinner speech
    辞書で確認しないで勝手に書いては駄目。
    short speech（1人），speech at a dinner（7人），table speech（1人），short speech at a dinner（3人）の他は正解だった。

12. manufacturer
    maker は個人を指す。但し carmaker のように連語の場合は OK。

★★★ 練習問題 3 ★★★

1. 反強磁性の
2. 前立腺の
3. 分子中に 3 原子を有する
4. 円周
5. 自転車
6. 医者

ルール 6. One word・one meaning を順守

★★★ 練習問題 1 ★★★

1. a screw, a stapler など

2. fasten の類語として次の様な多くの動詞がある。

   adhere, anchor, bind, bolt, bond, buckle, button, cement, chain, cinch, clamp, clasp, clinch, clutch, fix, glue, grapple, grasp, grip, harness, hitch, hold, hook, jam, lash, knot, nail, pin, rivet, screw, seal, secure, shutter, solder, stick, strap, tether, tighten, twist, wedge, weld, zip など。

3. wind の類語として，次の様な動詞がある。

   bandage 包帯などでくくる
   The nurse bandaged his wounds.（看護師は彼の傷を包帯で巻いた）

   bind ぐるぐる巻いて縛る
   The package was securely bound.（包みはしっかりと結ばれていた）

   convolute 巻き込む
   The media convoluted his achievement in deep pity.
   （マスコミは彼の業績を気の毒な方へと巻き込んでいた）

   curl カールさせる，よじる，（唇などを）捻じ曲げる
   Her hair curls naturally.（彼女は天然パーマだ）

解答

entwine からませる
Experiment and theory are entwined.（実験と理論は絡み合っている）

fold 折り曲げる
She folded her clothes carefully.（彼女は衣類を注意深くたたんだ）

furl（旗，帆など）巻き上げる，（カーテンなどを）引き寄せる
She furled the umbrella.（彼女はこうもり傘を巻き上げた）

fuse 融合する
Copper and zinc are fused to make brass.（銅と亜鉛が融合して真鍮になる）

intertwine 編み合わせる，織り合わせる
Personal and business relationships are closely intertwined.
（人格とビジネスお関係は綿密に絡み合っている）

lap 折り重ねて巻く
She lapped her wrist in a bandage.（彼女は手首に包帯を巻いた）

loop 輪にする
He looped a rope around him.（彼は紐を体に巻きつけた）

roll 巻物などを丸める
The ship was rolled over.（船は横転した）

scroll 渦巻状にする
Scroll to the bottom of the text.（テキストの最終行までスクロールする）

spiral らせん状に巻く
Smoke was spiralling from the building.（煙がビルかららせん上に立ち上がっていた）

tie 紐などでまきつける，干物端を固く結ぶ
He tied the ropes in a knot that would not difficlt to untie again.（紐を解くのに大変なように結び目の両端を堅く結んだ）

tether（牛や馬を）綱でつなぐ
He tethered a horse to the post.（彼は馬を柱につないだ）

twiddle（目的もなく指で）くるくる回す
Stop twiddling the knobs on the radio.（ラジオのつまみをくるくる回すのは止めなさい）

twine（つるなどが）巻きつける
Roses twine around the hedge.（バラが垣根に絡みついている）

twirl くるくる巻きつける
Her hair twirls right round her ears（彼女の髪の毛は耳の周りに巻きついている）

twist ねじる
Twist the handle to the right and the box will open.
（ハンドルを右にねじ曲げると箱は開きます）

wind 巻きつく，絡みつく，ねじなどを巻く
He wound the rope onto the pole.（彼はロープを柱に巻きつけた）

wrap 包む

練習問題の解答

Wrap these books in paper.（これらの本を紙で包んでください）

wreathe 取り巻く，輪にする
Yesterday the city was wreathed in mist.（昨日，町は霧で包まれていた）

4. の road の類語として，次の様な動詞がある。

   path, track, highway, roadway, thoroughfare, trail, interstate, freeway, superhighway など

5. 化学の分科 agricultural chemistry 農芸化学，analytical chemistry 分析化学，applied chemistry 応用化学，atomic chemistry 原子化学，biochemistry 生化学，chemurgy 農産科学，electrochemistry 電気化学，engineering chemistry 化学工学，geological chemistry 地質化学，industrial chemistry 工業化学，(in)organic chemistry 有(無)機化学，metallurgic[al] chemistry 冶金化学，mineralogical chemistry 鉱物化学，nanochemistry ナノ化学，neurochemistry 神経化学，nuclear chemistry 核化学，ocean chemistry 海洋科学，petrochemistry 石油化学，pharmaceutical chemistry 製薬化学，physical chemistry 物理化学，physiological chemistry 生理化学，phytochemistry 植物化学，practical chemistry 応用化学，pure chemistry 純粋科学，qualitative chemistry 定性化学，quantitative chemistry 定量化学，sanitary chemistry 衛生化学，soil chemistry 土壌化学，stereochemistry 立体化学，structural chemistry 構造化学，synthetic chemistry 合成化学，technical chemistry 工業化学，theoretical chemistry 理論化学，thermochmistry 熱化学，zoochemistry 動物化学

★★★ 練習問題２ ★★★

取扱説明書や掲示などで危険を示す語として使われる。
危険度は caution, warning, danger の順で高くなる。

caution: 注意

守らないと破損などが生じる。注意して行なわないと軽傷を負うことを暗示する。地の色は黄で表される。

CAUTION: To avoid the risk of electric shock, do not remove cover.
（注意：感電の危険を避けるため，蓋は取らないでください）

warning: 警告

守らないと 2-3 パーセントの割合で重症か死を招くか，機器を破損や危害が生じることを意味する。地の色はオレンジで表される。

WARNING: To reduce the risk of fire, do not expose this appliance to rain.
（火災の危険を減らすため，本器は雨にさらさないでください）

解答

danger: 危険

守らないと 99 パーセント生命の危険にさらされるか，機器を破損することを意味する。地の色は赤で表される。

DANGER: High voltage. Disconnect all power sources before removing panel.
（危険：高電圧。電源を切ってからパネルを外してください）

ルール 7．名詞と動詞・形容詞の相性

★★★練習問題 1 ★★★

1. move the car

    では「車の位置を変える」ことになる。
    run (or drive; operate) the car では「運転する」ことになる。
    なお，run は口語調，drive が多用される。operate は格式語。生徒の解答は move と drive が多かったが内容を区別する説明が無かった。
    put（9 人），shift（1 人），start up（1 人），start（1 人），中には a car is removed のような誤りがあった。

2. air-cooled engine

    air と cooled をハイフンで結ぶこと。結ばない解答が 66 人中 41 人もいた。
    engine-cooling（1 人），cooled engine（2 人）いたが間違いである。

3. blank paper

    white paper では「白い紙」になる。正解の blank paper が 60 人いた。
    間違った解答は answer paper（4 人），empty test paper（1 人），white paper（［白紙］3 人），black paper（［黒紙］1 人）

4. paring knife

    paring knife が 15 人，fruit knife が 50 人，両方を解答した人が 2 人，table knife が 1 人だった。

5. local call

    発信者のいる地域を local といい local news は自分のいる地域のニュースのことである。したがって「市内電話」は city call（2 人）とはいわない。
    辞書で調べて local call と正解した人が 69 人中 26 人しかいなかった。
    local telephone が 31 人もいた。local telephone では「その土地の電話（器）」に近い意味になる。
    local telephony（15 人）もいたが辞書で確認して欲しい。

6. hold one's breath

    hold one's [your] breath（32 人），hold breath（17 人），stop breath（呼吸するのを止めて）

練習問題の解答　　147

（死ぬ）（3人），tale a short rest breather, cessation of respiration, breath holding, to kill one, breth holding, hold, a X-ray examination, with bated breath, to choke neck, take a deep breath in, breathless など辞書で調べないで，いい加減な解答があった。

7. speed regulation

   speed regulation（10人）しかいなかった。後は誤りで，speed limit は「制限速度，最高許容速度」になり22人もいた。後は，legal speed, speed rule（9人），seeding, speed observation regulation speed on road, speed control（4人），speed of the rules（2人），limiting speed（2人），velocity limit, regulation speed, prescribed rate, rate limit, regulation speed などと，いい加減な解答があった。

8. tune up on the volume (of the radio)

   turn up on the volume (of the radio)（『ルミナス和英辞典』）turn up the volume（37人），turn up（16人），turn the stereo up（1人），crank it up, turn up the radio（10人），crank it up, upper the volume of the radio, up the volume of radio など，いい加減な解答が多かった。

9. apply pressure

   「人に圧力を加える」put pressure, pressure, crowd, lean on, make demands on, stress, strain, loggy などと，辞書を引いて解答した人が1人いた。

   問題としては曖昧だったことを反省している。

   ここでは「機械などに圧力を加える」を期待していた。apply pressure が37人いた。pressure だけが7人おり，これも OK である。

   後は勝手に作文した人で subject anything to pressure, add pressure（7人），put pressure（4人）の解答だった。

10. apply the brakes

    複数形に注意。
    put on the brake, brake, step on the brake, hit the brake, jam the brake, slam on the brake などと辞書で調べて解答した人が1人おり，感心した。
    しかし，これらは口語である。
    いろいろな解答があったが信頼のおける辞書で確認して欲しい。

11. The experiment performed successfully, (*or* perfectly; smoothly; well)

    The experiment performed successfully (*or* perfectly, smoothly).

    「巧く」に well は口語だから避けた方がよい。
    The experiment was successful.（11人），The experiment succeeded.（7人）などは OK。
    The experiment reached [*or* went] well. も OK だが well が口語。
    go well や I went well the experiment. や I succeeded the experiment. や Did the experiment go well. のような不思議な解答もあった。

解答

★★★ 練習問題 2 ★★★

1. Wind the key completely at a fixed time every day.

   正解が 7 人いました。quietly enough とか gently fully や slowly till や calmly and completely や slowly のような理解できない解答が多数あった。

2. Give (*or* Allow) five minutes before operating the machine.

   これは順序を考える問題。Give で始めて正解に近い解答が 35 人いた。
   英語では相手を中心に考えるので「機械に 5 分間与えなさい」という考えをしなければならない。

3. To turn off the bell, touch [*or* press] the stop button.

   To turn off で始め，正解に近い解答をした人が 29 人いた。問題の英語は「音を立てながら動き回っているベルを押さえつけるには，止めるボタンを強く押しなさい」になる。push より touch の方が好ましい。

4. To regulate the time, turn the screw slightly with a coin or a screwdriver.

   「時間は調整（adjust）」出来ない。目盛などを校正する機械を regulator というので，その動詞を使って解答のような英語に直す。gently よりも slightly の方が分かり易い。gently を quietly（音を立てないで静かに），softly（ソフトにそっと），calmly（静かに）などに直した人がいたが内容上おかしい。To regulate で始め，解答に近い人が 18 人いた。driver は運転手。

5. Don't put the device in an excessively dusty or damp place.

   日本文に「使わないで下さい」とあるので Don't use で始めているが，use だと湿気や塵のある場所に入っていけなくなるので use は不可。place を使いたかったが，最後に place を使わざるをえないので put にした。日本人は very が好き。曖昧なので excessively を用いた。殆どの解答が work, activate, operate, manage, use, apply, employ などの理解できない動詞を使っていた。この問題はすべて実在した英語である。内容を把握してから英語にしなければ，読み手が理解できる英文にならない。

ルール 8．注意すべき名詞の形容詞用法

★★★ 練習問題 1 ★★★

1. physics experiment; an experiment in physics

   physical experiment でない。
   69 人中 an experiment in physics は 3 人，physics experiment が 31 人いた。
   physical experiment は「物理的な実験」「肉体（的な）実験」の意味になりかねない。
   experiment of physics も 12 人いたが of は間違い。
   an experiment (which is conducted) in (the field of) physics の括弧が省略された形だか

ら in が正しい。無回答もいた。

2. physical law

    今度は「物理に関する，物理的な」のことだから physics でなく physical law が正しい（52 人）。無回答が 2 人，law of physics が 6 人，他は physics law だった。

3. electric energy

    正解は 45 人。「物理法則」と同様，electrical は「電気的な」を意味するので electrical energy（20 人）で間違い。electricity energy が 2 人，白紙が 2 人。

4. electrical resistance

    「電気的な」ではなく，「電気に関する」のことだから electric resistance（21 人）は間違いで electrical resistance（32 人）が正しい。resistance（12 人）いたが何を考えての解答なのだろう。白紙が 4 人。

5. electrical system

    この問題も「電気抵抗」と同じ考え方である。electrical system が正しく 35 人いた。他は誤りで，electric system が 28 人，power line が 1 人，system of electricity が 1 人，白紙が 4 人いた。

★★★練習問題2★★★

1. 「工場注文」

    曖昧だから使用する時は注意が肝要。「工場への注文 (an order to a factory)」と「工場からの注文 (an order from a factory)」の 2 通りが考えられるので注意。
    正解は 2 人。「工場への注文」が 2 人で他は全部が誤りだった。

2. 「試運転」

    31 人正解。車では test drive, trial run ともいう。「試験運転」(22 人) いたが誤り。「テスト活動」(1 人)，「試験操業」(7 人)，「検査のための操作」(1 人)，「試験動作」(1 人)，「試作運用」(1 人)，「テスト運転」(1 人)，白紙 4 人。

3. 機械工場，金属工作室

    shop は「作業場」の意味で多用される。殆どの英和辞典で解説している。
    57 人が辞書で調べて正解していた。
    「重機」(1 人)，「工作室」(3 人)，「工場」(1 人)，「機械屋」(1 人)，「工作用具店」(1 人)，「機械代理店」(1 人)，白紙 4 人だった。

4. （工場の）作業現場，作業場

    殆どの英和辞典で紹介しているので，全員が正解しなければならない。

43人が辞書で調べており，他の22人が調べないでいい加減な解答だった。白紙が4人だった。

5. 試験機（試験を受ける機械）

    testing machine が「何かを試験する機械」56人が「試験機」と書き，正解していた。
    「試作機」（5人），「テスト機械」「検査のための機械」「試験をする機械」「試験する機械」
    それぞれが1人，白紙が4人。

6. a rise in temperature

    「温度の上昇」のこと。
    「気温の上昇」が5人，白紙が6人で，後の58人は正解だった。

7. 工作機械

    「機械道具」ではないので注意。これも英和辞典で説明している。
    50人が正解で，「工具」（13人），「テスト機械」（1人），「機械道具」（1人），白紙が4人だった。

8. 工具寿命

    これも英和辞典で説明している。正解が61人，「寿命」だけと書いた人が4人，白紙が4
    人だった。

9. 救命ブイ［浮標，浮輪］

    これも英和辞典で説明している。58人が正解。「浮袋」（6人），「人生の目標」が1人，白
    紙が4人だった。

10. 受像管，ブラン管

    この語は口語で，正式には cathode-ray tube である。
    1人だけが「アルバム」と解答し，白紙が4人，後の64人は正解だった。

ルール9．極力避けよう句動詞

★★★練習問題★★★

1. gives off → emits

    69人中31人が emits と正解していた。
    unharness は「馬具などを取り外す」意味だから不可。
    radiate は「放射する」意味だから不可。
    discharge は「放電する；余分な圧力を除く」などの意味だから不可。
    evaporate, expel, release, supply, generate, leave, present などの解答があったが全て不可。
    辞書で調べること。

2. ate up → consumed

69人中29人が正解していた。

exhaust(ed)（10人）, expended（2人）, runned（1人）, deleted（3人）, down（2人）, devoured（2人）, expended（8人）, squanded（1人）, burns（1人）, ate（1人）, feed（1人）, erode（1人）, empty（1人）, get（1人）, 白紙が5人いた。

3. thought out → devised

69人中 devised は5人だった。considered（12人）, contemplated（2人）などは可。

proposed（1人）, conceivabled（1人）, investigated（1人）, thoughtful（2人）, excogitated（1人）, thought（4人）, carefulness（1人）, plan（6人）, contrived（1人）, found（1人）, believed（1人）, invented（5人）, conduct（1人）, discover（1人）, conceive（1人）, given（1人）, elaborated（1人）, eveywhere（1人）, search（1人）, trial（2人）, beaten（1人）, thinked（1人）, meditate（1人）, calculated（2人）, infer（1人）などは不可。白紙が5人だった。

4. put ~ out → extinguish あるいは quench

69人中 extinguish（38人）, quench（3人）。

smother（2人）, broth（1人）, put（7人）, out（2人）, douse（2人）, output（1人）, digest（1人）, extinction（1人）, damp（1人）, fighting（1人）, throw（1人）, erase（1人）など全て不可。白紙が6人だった。

5. holding up → supporting

supporting（16人）, sustaining（3人）で OK。文法上の誤りは support（7人）, supported（5人）。

以下は全て不可。

proping（2人）, propping（3人）, quiet（3人）, raise（1人）, listed（1人）, retains（2人）, bearing（1人）, keep（1人）, withstanding（2人）, form（1人）, sticking（1人）, standing（1人）, holding（2人）, resist（1人）, casting（1人）, last（1人）, banking（1人）, lifting（1人）, keep（1人）などは不可。白紙が5人だった。

6. is made up → is composed of, comprised, constituted

正解の composed が11人だった。comprised（4人）も OK。constituted（5人）も OK。しかし consisted, consist（9人）は自動詞なので受動態にならないので不可。

elaborated（2人）その他、made（3人）, bearing（1人）, fitting（1人）, form（1人）, supporting（2人）, manufactured（1人）, sticking（1人）, turn off（1人）, compounded（1人）, holding（3人）, unit（1人）, resist（1人）, unite（1人）, designed（1人）, structured（1人）, configured（1人）, constitution（1人）, 白紙が8人いた。

文法上の誤りが多く見られた。

7. was struck with hammer → was hammered

正解は8人だった。動詞形のある名詞は動詞で用いると英文に無駄がなくなり、すっきりするので読み手は助かる。白紙が5人。他は全て不可。

8. Air is *put* into the tire *with a pump.* → Air is *pumped* into the tire.

   前の 7. と同じ考えで，動詞形のある名詞は動詞で用いること。
   17 人が正解だったが pump だけとか，into がないのもあった。後は不可。文法ミスが多数あった。

9. *Turn* the glass *in the opposite direction.* → *Reverse* the glass.

   これは句を 1 語で, 簡潔に表現する問題。9 人が正解で, 6 人が白紙, 他はすべて間違いだった。

10. The iron poles *hold* the roof *up.* → The iron poles *support* the roof.

    これも 9. と同じ趣旨の問題。ミススペルなどがあった 21 人が正解。白紙が 6 人。他は全てが不可。

ルール 11．状況で判断しよう受動態

★★★練習問題★★★

1. The test revealed [*or* showed] no defective part.

   問題の In the test, no defective part was found. では，誰が found したのかが不明で曖昧。8 人が正解。

   The test shows no defective. (3 人) や The test indicate no defective part. (2 人) のような時制のミスをしたものがいた。

   Defective part is not found in the test. (2 人) は
   No defective part was found in the test. か
   Any defective part was found in the test. とするが，
   The test を強調したいときと，No defective part を強調したいときとで主語が代わる。

2. Broken machinery created serious problems for the experiment.

   これは不要な関係代名詞は使わない問題。69 人中 32 人が正解。白紙が 4 人。

3. Hot ionized gas flows through the magnetic field.

   これも動詞形のある名詞は動詞で使う問題。is utilized などは無意味なことが多い。10 人が正解だった。

   flow の代わりに utilized が 32 人もおり，is utilized と受動態が誤りだと気付いていないようだ。曖昧語である。use (1 人)，is used (3 人) がいたが，これも曖昧で誤り。

ルール 12. 乱用を避けよう It is ... to [that] 構文

★★★練習問題★★★

1. Clarifying the size effect is important.

   It ... to ... の構文の使用を戒める問題。正解は 2 人だったが，To clarify the size effect is important.（7 人）も正解。Clarifying の方が文語調。

   Clarifying the size effect is considered to be important.（3 人），
   To clarify the size effect is considered to be important.（3 人）があったが，
   consider は不要の場合が多いといえる。考えても仕方がないからだ。

2. For example, Brown suggested that the equation be derived from the Table.

   It ... that ... の構文の使用を戒める問題。正解が 29 人いた。
   suggest に続く文では should は不要であることは問題で示してある。

ルール 13. 極力避けよう There 構文

★★★練習問題★★★

1. Mixing the water of the two seas might transform the blue waters of the Dead Sea to white gypsum.

   There で文を始めることを戒める問題。何を強く言いたいのか，話の中心語は何かを考え，それを主語にする。私と同じ解答が 2 人いた。

   Mixing the waters of the two seas, the blue waters of the Dead Sea will transform to white gypsum. が 1 人いたが，懸垂分詞構文で，mixing の主語が the blue waters になるので不可。

   The blue waters of the Dead Sea を主語にした解答が 37 人いたが，述部を might be transformed to white gypsum by mixing the waters of the two seas. と続けた解答は無かった。as a result of も by などに変えることが出来る。

2. Specimens smaller than 50 cm (in) diameter show no defects.

   むやみに When や There で英文を始めるのを戒める問題。正解が 3 人。

   Specimens smaller than 50 cm (in) diameter has't defects. と腑に落ちない動詞を使った解答が 1 つあった。

   Specimens with diameter less than 50 cm is perfect. や
   Specimens with a diameter of less than 50 cm are no defects. などは
   Specimens which is smaller than 50 cm (in) diameter .... の which is が不要であることが分かれば with diameter と書かなかったであろう。両文とも動詞は幼稚。

解答

ルール 14. 従属文を主語(部)に

★★★練習問題★★★

1. The electrical energy of a toaster is converted to heat and light.
   または
   A toaster converts electrical energy into heat and light.

   前者と同じか，これに近い解答が 5 人，後者とこれに近い解答が 4 人いた。他は英文の意味を問題と変えたり，文法上や構文の誤りがあった。

2. Table 3 reduces some processes of calculation.
   または
   Using Table 3 eliminates some processes of the calculation.

   で，正解は 5 人だった。

   Table 3 eliminat some processes from the calculation. では eliminates にする。
   The using Table 3 will eliminate some processes from the calculation. で
   何故 The using にしたのか。Using Table 3 なら正解だった。

   A Table 3 will be eliminated from the calculation. では何故 A Table 3 にしたのか。A は不要である。また，ここでは受動態も不可。 Table 3 will be eliminated from .... と受動態が 7 人もいた。

3. Water evaporation decreases the temperature of the water.

   正解は 10 人だった。

   Temperature decreases by evaporation of water. も OK だが，
   「そこの温度」と考えて The temperature としたい。

   Its temperature decreases when water evaporates. も良いが，the water にしたい。

   Evaporating water makes temperature decreases. は
   decrease が他動詞だから Evaporating water decreases its temperature とする。

4. A digital timer helps the operator preset the working time for each process.

   正解が 11 人いた。

   Digital timer で不定冠詞を付ければ正解が 5 人いた。

   help は目的語の次は動詞の原形，つまり to が付かない動詞が来る。
   正解者のほとんどが to を付けていなかったのには感心した。

   Using [To use] a digital timer helps the operator ....
   11 人いたが Using や To use は不要であるので注意。

ルール 15. 話題の中心語が主語

★★★練習問題★★★

1. Don't use [*or* wear] the watch in water.

    正解が 5 人おり，use の代わりに wear を使った人が 1 人いた。
    We should not use ...（11 人）では「私たちは…を提案する」のような気持ちになり，
    We recommend ...（24 人）や We do not recommend ...（3 人）と同じである。

    You should not ...（9 人）では「あなたは駄目，私は良い」ことになるから注意。
    should（以上の他に 6 人）は提案になるから注意。

2. One reason my car is in perfect condition is because I have it serviced every 3,000 km.
    (*or* because it has been serviced every 3,000 km. でも可)

    正解が 2 人，is serviced が 2 人いたが，これも正解といえる。
    「サービスして貰ってきたからである」の気持ちを強く出して現在完了形にしている。

    いちばん困った誤りは My car condition is perfect. Because my car is serviced ....（3 人）
    と Because で文を始めて，終えていることである。

    the fact that ...（30 人）のような不要語にも注意。

    The car I own is in perfect condition. One of the reasons is that it is serviced every 3,000 kilometers.（26 人）
    と 2 文に分けては前の文と後の One of ... の文との関係がなくなるので不可。白紙が 4 人。

3. Don't remove the plug out of the outlet by pulling the cord.

    正解が 2 人だった。「plug を外すな」を強調している。

    Don't pull the cord to remove the plug out of the outlet.（2 人）だと
    「コードを引くな」を強調することになる。

    Please を使った答えもあったが，please は会話などでその状態にはいっているときなら
    使ってもいいが，マニュアルなどで説明している時は使用しない方がよい。

4. This manual explains how to operate our personal computer.

    正解は（19 人）いた。

    しかし，
    Read this manual to learn how to operate our personal computer.（5 人）も OK。

    前者の方は「この manual は」を強調しており，
    後者は「（必ず）読んでください」の印象を受ける。

ルール 16. 不要語を削除

★★★練習問題★★★

1. Each patient was required to record his or her infections during the study period.

   正解は 1 人だった。

   Each of the patients in the study は Each patient と each は単数扱い。

   in this study は後に during the study period と study があるので削除。

   to keep a record of は，record は動詞で使えるので to record でよい。

   their は不明確なので his or her にする。これは英語では常識になっている。

2. The physicists have basically researched semiconductors for about ten years.
   あるいは
   The physicists have researched basically for about ten years in semiconductors.

   正解が 3 人いた。

   in regard to semiconductors が 25 人もいた。これは in か on か about に簡潔にできる。in は「分野において」，on と about は「関して」の意味で多用される。on が文語調で，about は口語調。

   made researches は，動詞形のある名詞は動詞にするので research だけでよい。made を使った人が 29 人いた。

3. This type of timer utilizes charging and discharging time by a capacitor and a resistor.
   または
   This timer uses capacitor and resistor charging and discharging time.
   あるいは time に拘らなければ，簡単に
   This timer is charged and discharged by a capacitor or a resistor.
   と表現もできる。

   正解は 22 人。

   is a timer that utilizes をそのままの残し，utilizes にように簡潔にしなかった人が 9 人，is utilized や is utilizes と受動態にしたり，文法ミスをしたりした人が 16 人もいた。白紙は 4 人だった。

ルール17. 不要な関係代名詞

★★★練習問題★★★

1. The problem-solving procedures are so familiar that lots of firms are adopting them.
   あるいは
   The procedures solving the problem are so familiar that many firms are adopting them.

   正解は2人だった。

   The procedures we solve the problem are so familiar that lots of firms are adopting them. が5人いたが，これくらいの解答は欲しかった。

   他の58人は直せないほどひどい英文だった。白紙が4人いた。

2. A five-lane thoroughfare connecting Ann Arbor and Ypsilanti, Michigan, was selected for daytime testing.

   先ず，thoroughfare とは site のことだから site は削除。

   Ann Arbor と Ypsilanti は cities だから，cities を削除。

   内容的には a five-lane thoroughfare was selected. になる。

   正解が3人いたが，2人は thoroughfare に冠詞がなかった。

   The site for daytime is a five-lane thoroughfare connecting the cities of Ann Arbor and Ypsilanti, Michigan. は内容が異なるが16人，

   The site selected for daytime is a five-lane thoroughfare connecting the cities of Ann Arbor and Ypsilanti, Michigan. が8人いた。

   しかし，A five-lane thoroughfare を話題の中心としたかった。白紙は3人だった。

ルール19. 大切な挿入句

★★★練習問題★★★

Taro Arihara, President of the ABC Company, is always very friendly to us.

Taro Arihara, *who is* President of the ABC Company, is always .... のイタリックの所は不要。

注意として who is president of ... のように関係代名詞は使わない。

「当社の社長」を our company と our とするとこの人が社長のような印象を与えるので the ABC Company のような架空の社名を作った。

Arihara Taro, which is always friendly, is our president.
では，which は who にしなければならない。
この文は Arihara Taro is our president が言いたいことになる。

正解に近い人が 32 人いた。

Taro Arihara which is president of our company, is very friendly.
も，which は who が正しい。
この文は Taro Arihara is very friendly. が言いたいことを意味する。
正解に近い人が 19 人いた。

Taro Arihara is usually kind and he is boss at our company. のように and は不可。
2 人いた。Taro Arihara is usually kind と he is boss at our company が内容上同じでないからである。and は等位接続詞である。

Taro Arihara is a general person always. He is the president of the our company. のように 2 文に分けた人が 11 人いたが，両文の関係がなくなるので分けられない。

ルール 21. 文を羅列しても意味不明

★★★練習問題 1 ★★★

Smith の行動は willful（故意の），wanton（無茶な），reckless（無謀な）と挙げて，次に First, Second, Third で，それぞれを説明している。頻出する論理構成だから模倣することを勧める。

★★★練習問題 2 ★★★

1. However, the final cost .... とする。
2. For example, at Ann Arbor, ... とする。

★★★練習問題 3 ★★★

① The diesel engine uses little kerosene.
② It is completely reliable.
③ He explained.

→ He explained that the diesel engine uses little kerosene and is completely reliable.

ルール 22. 極力避けよう代名詞

★★★練習問題★★★

New techniques are being developed to combat viral infections. These techniques are the subject of a new research effort in the city.

These だけでは曖昧だから These techniques とする。

ルール 23. 並列関係は同じ形で表現

★★★練習問題★★★

1. Machinery which was broken → Broken machinery
2. When ... drawn → in drawing diagrams

ルール 24. however, therefore などの誤用

★★★練習問題★★★

1. Light parts often decrease in strength; on the other hand, strong parts increase in weight.
2. During the night, the water will be pumped back to the lake that feeds the turbine during the day. The operation looks like perpetual motion; however it is possible because of the linking together of both steam and hydro plants.

ルール 25. 述べる順序に注意

★★★練習問題★★★

1. このレポートは 20XX 年の最初の 6 ヶ月の safety（安全性），production（生産量），the status of the program（プログラムの現状）を述べた，Descending order of importance で列挙している。

2. This conclusion is supported by visual inspection of cores taken from the upper part of the Formation at the site, by published literatures on the Salina, and by well-logs and drillers' reports from the area. と下線のように「視覚調査」，「出版された文献」，「井戸を掘った人々」によって支持されている，のように，自信の持てるものから順に，つまり Descending order of importance で述べている。

3. Hazard signal を書いた方がよい。次に重要な順に書かないと生命を左右しかねない。

   To Patients

   Please register at the front desk of the Radiology Department with your registration card. After registration, please wait on the

解答

bench until a technologist calls you.

WARNING

Do not touch or operate the radiographic equipment.

・If you are or think you may be pregnant, please tell the staff.
・Keep your belongings and valuables with you at all times
・Enter the examination room only after being told to do so by the staff.
・The order you are called in may vary depending on the urgency or type of radiographic examination.
・If you are not called within 15 minutes, please tell the staff.
・If you have any questions regarding the examination, please do not hesitate to ask the staff.

ルール 26.　略語の種類と作り方

★★★練習問題★★★

sonar → sound navigation and ranging
maser → microwave amplification by stimulated emission of radiation
STAP → stimulus-triggered acquisition of pluripotency
scuba → self-contained underwater breathing apparatus（潜水用水中呼吸装置）
PIN → personal [private] identification number　PIN number
laser → light amplification by stimulated emission of radiation

ルール 27.　カタカナ英語に注意

★★★練習問題★★★

1. 「修理」なら repair service,
   「保証サービス」なら warranty, guarantee
   前者は法律用語だから文書で好んで使われる。

   backup service（1人）, service（2人）, customer service（5人）, customer service（4人）, after-purchase servicing（1人）, repair（2人）, after-sale（2人）などがあった。
   辞書で確認して欲しい。

2. stainless steel

   stainless（6人），chromium steel（1人）を除いて残りの62人は正解だった。

3. mailbox（米），postbox, pillar box（英）

   英米両者を書いた人は12人しかいなかった。

4. amusement center; pleasure resort; recreation center

   ちなみに英語でhealth centerは「保健所」「医療センター」，health resortは「保養地」のこと。

   amusement center（16人），pleasure resort（1人），recreation center（20人），辞書で確認しないでhealth centerが（15人）いた。health resort（13人），health spa, health farm（4人）などは「保養地」の部類に入る。

5. rearview mirror; driving mirror

   rearview mirrorが58人，driving mirrorが3人，辞書で確認しないで勝手にdriver's mirror（3人），side mirror（1人），rearviewだけが3人，mirror to review reasideと解答した人が1人いた。

6. microcomputer

   69人の解答中67人が正解していいた。
   他の2人はmicroだけだとmicroprocessorも表すことになる。

7. cathode-ray tube（またはpicture tube）；Braun tubeは稀な用法

   69人中59人がcathode-ray tubeと正解していた。Braun tube（4人），picture tube（2人）は口語。TV tube（3人）いた。cathodeとrayはハイフンで結ばない解答もあった。

8. aluminum（米），aluminium（英）

   英と米を解答した人が11人いた。

   aluminum alloy（4人），aluminum foil（1人），他はaluminumかaluminiumだったが英と米の区別をしていなかった。

ルール28. 無視できない句読法

1. Period (.)

★★★練習問題★★★

Revised　Hospital routine is easier to follow in the AM than in the PM.

3. Colon (:)

★★★練習問題★★★

1. But: Two experiments conducted by Prof. Ishikawa are AB Batteries and Arms for ABC Robot.
2. But: Dr. Hatakeyama possessed the qualities of an informative messenger, such as humanism and a deep interest in classical music.

4. Semicolon (;)

★★★練習問題★★★

, therefore を ; therefore とする。

5. Parentheses( )

★★★練習問題★★★

1. But: For 12 years (1938-50) the federal government forced the studios to sell all their movie theaters.
2. But: Students can find good-quality, inexpensive furniture (for example, desks, tables, chairs, sofa, even beds in junk stores).

6. Brackets [ ]

★★★練習問題★★★

But: That Kitasenjyu Station [just western part of Tokyo] is one of the busiest in the nation.

7. Dashes (—)

★★★練習問題★★★

1. Sometimes compound words that include the same element are spelled differently.—For example, cross-reference, cross section, and crosswalk.
2. The number of active movie screens—that is, screens showing films or booked to do so—is higher now than at any time since World War II.

9. Hyphen [-]

★★★練習問題★★★

1. OK
2. well-thumbed とする。well でハンフンで繋いでいるので thumbed はハイフンで切れない。
3. OK

12. Numbers（数字）

★★★練習問題★★★

1. The planet Saturn is 900 million miles, or nearly 1,500 million kilometers, from Earth.
   数字にする。

2. Fifteen to twenty times denser than Earth's core, Saturn's core measures 17,000 miles across.
   文頭は綴り字で始める。

3. Saturn orbits the sun only 2 2/5 times during the average human life span.
   分数を数字で書く。

4. The temperature at Saturn's cloud tops is -170° F.
   温度の記号を使う時は数字で書く。

索引　日本語索引

記号・アルファベット

〜ある	13
〜が	11, 12
〜から〜まで	120
〜は	11, 12
子音＋l, m, n, r	125
, therefore	163
; therefore	163
be 動詞	13
it is ... to [that] 構文	56, 154
it の羅列	86
PhD 論文	101
that 節	56
the ＋名詞	86
There 構文	58, 59, 154
to 不定詞	56, 90
wh- で始まる節	56

あ

相性	36, 37, 147
相手が言ったことが分からないときの表現	137
アクセント	124, 125
上げ下げ	97
頭文字	101
頭文字語	101
「頭を使え。」	62
圧力	36, 38, 148, 151
アフターサービス	105
アフレコ	104
アルファベット	107, 116
アルファベット順	96
アルミニウム	105
アンケート	104
息を止める	38
意見を後で伺うときの表現	135
衣食住	98
イタリック	39, 80, 90, 122
一語一義	28, 30
インストラクション	19
インストラクション調	19, 20, 21, 140
陰陽	98
引用する表現	134
引用符	112
受皿付きカップ	98
動かす	38
後位修飾語	40
宇宙船	122
裏表	98
運転する	147
エアコン	104
映画	36, 122
英語でない外国語	122
衛生化学	146
エレベーター	27, 51
老いも若きも	98
応用化学	146
押す	39

日本語索引　　165

お礼の言葉	132
終わりの表現	138
音節	14, 123, 125
音量	38

か

回転する	48
開発中	88
海洋化学	146
化学	33
化学エネルギー	57
化学工学	146
化学の分科	146
書く	36
書く英語	63
核化学	146
格式ばった英語	83
格式ばる	79
格助詞	11
かける	48, 66
箇条書き	107
ガソリン	15, 27
ガソリンスタンド	104
肩書き	45
カタカナ英語	104, 105, 161
堅苦しい文	48, 49, 80
カタログ	19, 48
カタログ調	20
括弧	107, 111
学校英語	3, 7, 12, 25
加熱する	54
関係節	13

関係代名詞	11, 24, 69, 70, 72, 73, 74
	75, 86, 111, 153, 158
関心を持つ	133
巻数	112
間接疑問文	106
感嘆詞	111
看板	108
キイワード	68
機械工場	150
危険	25, 34, 146, 147
記号	107, 164
機能語	11, 25
基本語	25
救命ブイ	151
教科書	19, 62, 140
強調する表現	133
共同研究	133
切替えスイッチ	98
金属工作室	150
句	89
空間順	96
空冷エンジン	38
具体語	30
果物ナイフ	38
口調	87, 98
句動詞	48, 49, 50, 151
句読法	106, 107, 108, 109, 110, 111
	112, 113, 114, 115, 116, 117
	120, 122, 123, 124, 125, 126
	129, 130, 161
首振り扇風機	27
苦楽	98
車	31

蛍光灯	26
警告	146
掲示	108, 146
形式主語	56
契約書	19
契約書調	20, 21, 140
形容詞	36, 37, 39, 40, 42, 44, 45, 110, 147
形容詞＋名詞	42
消す	49
結果を述べる表現	135
欠陥	52
結合語	83
結合する	31
研究課題	88
現在分詞	124
原子化学	146
懸垂分詞構文	63, 139
語	89
コインロッカー	104
工業化学	146
航空会社	106
航空機	122
工具寿命	151
口語調	48, 62
工作機械	27, 151
工場	9, 34
工場注文	150
合成化学	146
構造化学	146
高速道路	26, 31
肯定	51
肯定文	51
鉱物化学	146
誤解している英語	17, 18
語源	123
語順	42
語数の節約	54
固定する	32
誤魔化しの「の」	41
ゴム足	24
コメント	116
固有名詞	125
これ	86
コロン	109, 110, 112, 120
混合物	128
今後の動向を述べる表現	135
混成	102
コンセント	26, 104
コンデンサー	26
コンマ	22, 74, 75, 76, 92, 109, 110, 111, 112, 114, 115

さ

サービスマン	27
最後に要点をまとめるときに使う表現	135
最初に切り出す表現	132
サイドブレーキ	104
サインペン	104
作業現場	150
作業場	150
作品名	122
雑誌名	122
左右	97

参考書	131, 138	社名	43, 45, 106
参考文献	112	視野を述べる表現	135
参照箇所	118	州	110
参照番号	121	従業員	90, 96
残留物	48	住所	22, 45
市	110	就職係	73
子音 + l, m, n, r	125	修飾語	125
子音字	124	従属節	60
試運転	150	従属文	78, 139
子音	124	従属文を主語(部)に	60, 61, 155
時間	39, 120	州名	101
時間順	96, 97	重要な順	96, 97
時間と分の間	112	修理	161
時系列	96	主語	13, 54, 57, 62, 63
試験機	151		65, 77, 78, 139
自己紹介	132	主語の選定	65
自在スパナー	26	受像管	151
指示文	100	出身地	45
辞書	131	受動態	53, 54, 55, 153
時代	120	主文	139
視聴覚	97	主要語	59
質疑応答に使う表現	136	順序	96, 97, 98, 99, 100, 160
湿気	34, 39	純粋化学	146
実験	38	準専門用語	22, 23, 24, 25, 26, 27, 141
質問するときの表現	137	上下	97
質問に答えられないときの表現	137	冗語	9, 59
質問を受けるときの表現	136	省略	106, 128
失礼な表記法	102	省略記号	128
市内電話	38	省略符	101
自分の考えを述べる表現	133	職業	45
自明の理	7	植物化学	146
締め具	32	神経化学	146
斜線	127	人生の苦楽	98

新聞名	122
人名	45
信頼	85
図	97
スイッチ	39
数	122
数字	107, 110, 116, 125, 128, 129, 130, 164, 118
数式	118
数式の後	108
スタイル	19, 20, 21, 140
ステンレス	105
スパイクタイヤ	104
スピーカー	132
スペルアウト	125
生育	54
生化学	146
正確性	40
生死	98
正式な文	116
正式文書	25, 101
政府の機関	106
製薬化学	146
生理化学	146
石油化学	146
セクハラ	17
節	89, 114
接続詞	61, 77, 78, 79, 84, 85, 92, 94
接地（アース）	26
接頭語	9, 28
接頭辞	124
接尾語	28, 123, 124
説明書	19, 21, 96
説明書（マニュアル）調	140
セミコロン	83, 112, 114
セロテープ	104
前置詞	11, 24, 44, 69
前置詞句	13, 90
前文	83
専門用語	22, 23, 24, 25, 26, 27, 28, 141
造語	104
挿入句	75, 76, 158
阻害	54
速度規則	38
速度計	27
それ	86
損得	98

た

対策を述べる表現	135
タイトルの副題	112
代名詞	65, 86, 87, 88, 159
多義語	14
ダッシュ	111, 121, 127
立て札	108
他動詞	83
単一動詞	48, 50
単三電池	27
短縮	104
短縮形	101
男女	98
単文	60, 75
短母音	124

小さい	56
地下鉄	26
知識と方法	98
地質化学	146
地名	44
注意	35, 146
忠告する	90
抽象語	30
中心語が主語	62, 64, 65, 156
注目を引くときに使う	133
長音符号	76
調整	39
長母音	124
塵	39
追加文	80
月名	101
綴り字	164
提案書	19, 54
提案書調	20, 21, 140
ディーゼル	85
定性化学	146
停電	96
定量化学	146
テーブルスピーチ	25, 27
テキスト	102, 140
テキスト調	140
敵味方	98
手荷物	23
テレビ	122
テレビ局	106
電気エネルギー	46
電気化学	146
電気系統	46

電気掃除機	26
電気抵抗	46
電子レンジ	25
トイレ	18
答案	38
等位接続詞	77, 83, 114
同格	120
同格の名詞	111
頭語	110, 112
東西南北	97
動作主	56
動詞	14, 36, 37, 39, 67, 147, 152
動詞＋副詞	48, 49
動詞形	67, 152
動物化学	146
動名詞	56, 65, 79, 124
灯油	85
土壌化学	146
留める	32
止める	39
ドライバー	26, 39, 104
取扱説明書	146
度量衡	107

な

内容語	13, 25
ナノ化学	146
鍋釜	98
南北	97
二重子音	124
日常会話	25
ニックネーム	117

日本語との組み合わせ	104	反対する表現	137
庭	26	パンティストッキング	104
人称代名詞	63	斑点	56
ネジ	39	ハンドル	104
ねじで留める	31	パンフレット	122
ねじ回し	26	半母音	125
熱	78	日	110, 120
熱エネルギー	57	引く	63
熱化学	146	非接続用法	111
年	110, 127	否定	52
年月日	127	否定文	51, 52
年号	44	非人称	63
年齢	45	比喩的表現	36
農芸化学	146	表題	107
農産化学	146	表や図を使って表現	133
能動態	54	ピリオド	106, 107, 108, 109, 112, 114
飲む	36	貧富	98
乗り物酔いの薬	23	封筒	22
		副詞	36, 37, 111

は

ハードスケジュール	104	複数形	125
拝啓	98	副題	107
ハイフン	42, 123, 125, 126, 164	符号	107, 118
白紙	38	部長	87
パソコン	104	沸点	54
発音	123	物理化学	146
発音記号	118	物理の実験	46
バックミラー	105	物理法則	46
話を移す表現	136	不定詞	65
パラグラフ	57, 89, 91	船	122
パワハラ	17	部品名	43
ハンダ	66	不明確	41
		不要語	53, 54, 55, 57, 59, 64, 66, 67, 78

日本語索引　　171

不要語を削除	157
ブラウン管	105
プラスマイナス	98
ブラン管	151
フリーサイズ	27
ブレーキ	38, 48
フロントガラス	104
文	114
文化の違い	96, 98, 100
文語調	48, 49, 60, 62
分数	125, 127, 164
分析化学	146
分綴法	123
文頭	129, 164
文の羅列	79, 80, 81, 82
	83, 84, 85, 159
平穏無事	98
平叙文	106
並列	89, 90, 91
並列関係	160
並列構文	89, 90
並列法	89
ページ	112
ページ数	121
別の語	120
ベル	39
ヘルスメーター	104, 105
変換する	57
ペンチ	27
母音字	125
方針	73
方程式	125
方法を述べる表現	134

法律問題	11
保証サービス	161
ボタン	39
ホッチキス	104
ボルトでつなぐ	31
本名	117

ま

マイコン	105
前位修飾	40
巻く	32
摩擦	78
マジックペン	26
町	110
待つ	39
まとめの表現	136
マニュアル	21, 63
マニュアル調	20
麻薬	23
味覚触覚	97
短い単語	98
見出し	107
道	32
身元照会	45
名刺	22
名詞	36, 37, 39, 40, 41, 42
	65, 87, 125, 147
名詞＋名詞	42
名詞節	65
名詞の形容詞用法	40, 41, 42, 43, 44
	45, 46, 47, 149
名詞の積み重ね	40

命令文	20, 106
メーカー（自動車メーカー）	27
モーニングサービス	25, 27
目次	107
目的語	60, 78
文字	122
問題を述べる表現	135

や

冶金化学	146
薬品	54
柔らかい	32
有(無)機化学	146
郵便ポスト	105
有名な	34
要旨を述べる表現	132
熔接する	31
幼稚な英語	14, 15, 139
抑揚	97, 98

ら

ラジオ局	106
ラテン語	118
リスト	112, 116
立体化学	146
略語	101, 102, 103, 107, 116, 161
略字	125
理由を述べる表現	134
理論化学	146
類義語	35
類語	66, 142, 146

類語辞典	34
冷蔵庫	25
例を挙げる表現	134
列挙	127
列車	122
レポート	25, 26, 142
レントゲン	100
ローマ数字	107
論文	19
論文調	20, 21, 140
ワープロ	104
和製英語	59, 104, 105
話題の中心語	54, 57, 60, 65

日本語索引

英語索引

A

a matter of life and death	98
a right side and a wrong side	98
A.C	101
a.c.	101
AA	106
AC	101, 107
ac	101
accent	18
accordingly	114
accurately	37
acronym	101
ad	101
address	128
adjust	39, 137, 149,
adjustable spanner	141
advance	37
advise	90
after	77, 79
after recording	104
after-dinner speech	25, 144
again	67
ago	32
agree	111, 137
agricultural chemistry	146
air	7, 8, 9
air conditioner	104
air-cooled engine	147
airplane	8, 9
allow	149
alphabetical order	96
also	81, 114
although	82, 83
alumimium	162
aluminum	162
always	12
ambitious	37
amendment	44
amusement center	162
an esperiment in physics	149
analytical chemistry	146
and	65, 73, 74, 77, 78, 79
	83, 85, 90, 110, 115
apparatus	97
applied chemistry	146
apply	48, 148
appreciate	132
approach	134
approximately	37, 87
arithmetically	37
arm	12, 142
arrow	36
as	82, 83
assemble	43, 44
association	133
atomic chemistry	146
attach	32, 59
attention	57, 133, 138
available	69

average	37

B

background	132
bad	12, 55
baggage	23
bathroom scale	104
be	14
because	78, 79, 82, 83, 95, 134, 156
before	19, 52, 77
begin	66
believe	53, 54
bell	39
beneficial	53, 54
besides	114
big	30, 34
bind	144
biochemistry	146
blank paper	147
blending	102
bolt	31, 32
bomb	36
born	18
both sides	98
brackets	118, 119, 163
Braun tube	162
brewery	34
bring into action	48
brook	30, 34
bulky	34
but	92
buy	15

by	60

C

calculate	37
capacitor	68, 141, 157
carefully	87
carry-on bag	23
cathode-ray tube	162
cause	79, 84
caution	35, 146
ceed	28
cellophane tape	104
change	57
chapter	128
check	139
chemical	54
chemical energy	57
chemistry	33
chemugy	146
chip-smart	37
choose	15
chronological order	96, 97
CIM	101
circle	36
clarify	57, 154
closing	136
coin-operated locker	104
collocation	100
colon	112, 113, 163
color	66
come about	48
comma	109, 110, 111

英語索引

comment	137	cycle	136
compare	109		
compass needle	8, 9		

D

compass pointer	9		
complete	52	damage	96
completely	149	damp	34, 39, 49
compose	152	danger	35, 96, 146
comprise	152	dashes	120, 163
comsume	152	day	124, 128
concern	135	decimal	128
conclude	136	decrease	61, 155
conclusion	99, 136, 160	defect	59
condenser	141	defective	55
conducte	163	define	109
conference	140	degree	106
confirm	118	depend	135
conifer	31	derive	57
connect	30, 31, 71, 158	descending order of importance	96, 97
consider	133	describe	45, 67, 109
consist primarily	97	design	45, 97
constitute	152	detach	52
content word	13, 25	detail	134
contrast	109	develop	43, 135
control	137	devise	43, 152
convert	61, 155	diameter	59
convolute	144	differently	109
correctly	37	direct	57
cover	99	discover	50
create	55, 91, 153	discuss	135
creek	30, 34	discussion	135
cultural difference	96	dissolve	139
cup and saucer	98	ditto	102
curl	144	do	14

索引

do away with	48
do up	48
door	72
draw	36, 91
drink	36
drive	15
driver	39
driving mirror	162
drug	23, 50
dusty	39, 149

E

e.g.	102, 120
earth	141
east, west, north, south	97
eat up	50, 152
elaborate	37
electorical system	150
electric energy	150
electrical energy	61
electrical resistance	150
electricity	8
electrochemistry	146
elevator	143
eliminate	48, 61, 155
ellipsis mark	128
emit	151
emphasize	133, 136
employ	43, 75, 76, 90
employee	96
engineering chemistry	146
enormous	34

entwine	145
equal	63
equation	57
equip	13, 139
equipment	97
essay	142
essential	81, 82, 83
estimate	87
et	124
etc.	102
evaporate	49
evaporation	155
even if	82, 83
exactly	37
exam	101
example	81
excessive	139
excessively	139, 149
expect	84
experiment	65, 133, 148
explain	133, 134, 156
expressway	142
extend	120
extinguish	49, 152

F

fabricate	97
fact	135
factory	8, 9, 34
factory order	46
failure	96
familiar	71

famous	34
fasten	33, 144
FBI	106
Fe	107
feel	14
felt pen	104
felt-tip pen	141
FEN	106
filling station	104
final	84
finally	81, 136
first	81, 84, 134
flat-head screwdriver	141
fluorescent lamp	141
fluorescent light	141
fold	145
food, clothing, and shelter	98
foot	24
for example	102, 117, 121, 134, 154, 159, 163
found	75, 76
fount	34
fountain	34
fraction	128
free size	32
freeway	31, 142
freeze	28
fresh air	32
friction	78
friend and foe	98
full	39
function word	10, 25
furl	145
further	81
furthermore	81, 94, 114
fuse	145
future	135

G

garden	142
gas station	104
gasoline	143
general English word	25
generate	70, 78
gently	37, 39
geological chemistry	146
get	14, 15
give	14, 16, 149
give off	50, 151
GNP	101
go	18
go around	48
go off	49
good question	17
graduate	18
great	17, 18, 37
ground	141

H

H	107
hammer	152
hand	142
happy	136
haul	85

have	13, 14, 16	I'd like to	136, 137
have to	17, 18	if	60, 61, 63, 64, 82, 83
hazard signal	160	important	133, 134
headache	36	impractical	73
heat	78	improve	135
heat energy	57	in addition	81
heavy	66	in fact	133
help	61, 155	include	121
high	37	including	102
highway	31, 44, 142	incorrectly	37
hold	135	increase	53, 81, 82, 83, 93
hold one's breath	147	indicate	57, 99, 133, 134
hold up	50, 152, 153,	indication	136
hope	135	industrial	37
however	81, 82, 92, 93, 94, 95	industrial chemistry	146
	114, 159, 160	initial word	101
hp	107	initially	66
hr.	101	inorganic chemistry	146
huge	34	inscrutable	37
humid	34	insensate	37
hyphen	123, 124, 125, 164	install	70
		institute	73

I

		intelligent	37
		intertwine	145
I and you	98	introduce	132
I believe	133	introduction	132, 138
I feel	133	investigate	116
I think	133	investigation	133
i.e.	102, 120	involve	96
IBM	106	ionize	153
ice road	42	it	86
ics	124	It is … to [that] 構文	154
icy	road 42	It is our understanding that ….	56

英語索引　　179

It is suggested that	56	lift	143
It should be noted that	56	light and darkness	98
italics	122	like	14, 17
item	36	line	128
JAL	106	listen	17, 18
		ll	102
		local call	147
		locker	104

J

join	66	long	30, 31, 32, 37
joys and sorrows	98	look	14
JTV	106	loop	145
		love	14
		low	37

K

M

keep	15

machine shop	46
machine tool	47, 143

L

mailbox	162
major	81, 83
make	14, 16, 56, 67, 68, 83, 116
make up	50, 152
maker	14
manager	72, 73, 87
manual	64
manufacture	43, 44, 144
manufacturer	14
map	36
marry	18
maser	103, 160
mathematically	37
matter	135
may	87

l.	102
laboratory	34, 97
ladies and gentlemen	98
lap	145
lar	125
large	34
laser	103, 161
last	81
lb	107
learn	64
leave	18
left and right	97
leg	24
life buoy	47
lifeless	37

180　索引

may I ask	137
mechanical	37
meet	17, 18
men and women	98
metallurgical chemistry	146
method	134
method and knowledge	98
microcomputer	162
microwave	25
mill	34
mineralogical chemistry	146
mini	101
minus	63
mix	59
moist	34
monkey spanner	141
monkey wrench	141
month	106
moreover	94, 114
motel	102
moterway	142
motion sickness	23
move	135
mph	107
must	19, 57, 140

N

name	106
namely	120
nanochemistry	146
NATO	106
need	19
negatively	54
neurochemistry	146
nevertheless	94
nice	17
No ploblem.	18
normal	37
north and south	97
Note that	56
now	12
nuclear chemistry	146
number	128
number	164

O

oblique	127
oblique line	127
oblique stroke	127
observe	80
obtain	85
occur	14, 48
ocean chemistry	146
office	72, 73
on the other hand	94, 95, 160
One size fits all.	32, 143
one word・one meaning	28, 30, 31, 32, 35
on-off switch	98
operate	15, 19, 20, 64, 156
opinion	18, 137
opportunity	132
opposite	153
or	8, 109

ordinary	37	phillips screwdriver	141
originally	84	physical chemistry	146
oscillating fan	143	physical law	150
other	85	physics experiment	149
otherwise	114	physiological chemistry	146
outlet	64, 104, 132, 141, 156	phytochemistry	146
oven	25	picture	36
		picture tube	47, 162
		pillar box	162

P

p.	102	PIN	103, 161
page	128	pine	31
panty hose	104	place	32, 149
paper	142	placement officer	73
parallel	114	plan	87
parentheses	116, 117, 163	plant	9, 31, 34, 44
paring knife	147	pleasure resort	162
parking brake	104	pliers	143
patient	100, 138	plus and minas	98
PC	101	point	132, 136
peace and quiet	98	political correctness	101
per	127	polysemous word	14
percentage	128	possess	163
perfect	64, 156	postbox	162
perform	148	pots and pans	98
period	101, 106, 107, 108, 162	power plant	9
personal computer	101, 104	powerhouse	9
personal question	18	pp	102
personnel	54	practical chemistry	146
petrochemistry	146	precisely	37
petrol	143	prefix	28
petrol station	104	presentaion	132, 134, 136, 138
pharmaceutical chemistry	146	preset	61, 155
		president	73

press	149
pressure	36
principle	73
problem	55, 71, 91, 96, 116, 135, 153, 148
process	61, 155
productive	37
profit and loss	98
programmable	37
proposal	54
provide	120, 139
publish	116
pull	156
pump	153
pure chemistry	146
purpose	116, 120
put ~ out	152
put	32, 50, 149
put into	153
put out	50
qualitative chemistry	146

Q

quality	117, 128
quench	152
question	136, 137
questionnaire	104
quickly	37
quotation	112

R

radar	101
rain water	139
raising and lowering	97
really	18
reason	64, 79, 80, 83, 134, 156
reaview mirror	162
receive	15
receptacle	141
recommend	64, 140
recommendation	16
record	68, 157
recreation center	162
reduce	48, 155
redundancy	9
refer	134
references	138
refrigerator	25
regard	91
register	100
regulate the time	149
release	36
religion	18
remind	136
remove	48, 64, 156
repeat	16, 67, 139
replace	19
report	67, 68, 73, 99, 142
represent	91
require	19, 57, 140, 157
research	87, 135, 157
result	96, 116, 120, 135

result in	102
retard	54
reveal	153
reverse	153
review	116
right and left	97
rill	34
rising and falling	97, 98
river	30
riverlet	34
road	33, 146
robot	37, 82
robot arm	142
roll	145
rotate	48
roughly	37
rpm	107
runnel	34

S

salutation	112
satisfactorily	52, 93
schecule	104
score	128
screw	31, 32, 39, 43, 144
screwdriver	104, 149
scroll	145
scuba	103, 161
seat	18
sec.	101
second	81, 84, 134
select	71, 158

self-conscious	37
semicolon	114, 115, 163
semi-technical term	25
serious	55
service	64
serviceperson	143
shall	19, 140
shape	66
share	133
shop	34
shop floor	46
short	31
shortening	101
should	20, 140
show	133, 153, 154
shutter	36
sic	118
sign	17
signature	18
silver plate	42
silvery plate	42
similarly	81
since	82, 83
sit down	17
size AA battery	143
sky	7
slove	71
small	37
smog	102
so	92
soft	32
soil chemistry	146
solder	66, 67

solidus	127, 128
solution	135
solve	158
solvent	16
some	85
sonar	103, 160
spatial order	96, 97
special rate in the morning	25, 143
specimen	59
speed regulation	148
speedometer	143
spiral	145
spray	54
spring	34
square	66
stainless	162
STAP	103, 161
stapler	104, 144
start	132
stationary	91
statistics	128
steering wheel	104
stereochemistry	146
store	72, 73
stream	30, 34
streamlet	34
strike with	50
structural chemistry	146
study	99
style	20
submit	142
subtract	63
subway	142

succeed	65
such as	102
stud tire	104
suffix	28
suggest	57, 137, 154
summarize	136
summary	132, 135
superhighway	142
supply and demand	98
support	15, 99, 152, 153
sure	123, 134, 137
Sure.	18
synthesize	116
synthetic chemistry	146

T

take	14, 36
take away	48
take off	48
talk	116
TDU	106
technical cheistry	146
technical term	25
temperature	37, 61, 151, 155
temperature rise	47
tendency	91
term paper	25
test	55
test machine	46
test operation	46
tether	145
thank	138

英語索引　185

Thank you.	17	tree	31
that	86	tributary	34
that is	120, 121, 163	trouble	79
The reason ... that	80	truism	7
the rich and the poor	98	tube	142
the sweets and bitters of life	98	tune up	148
then	79, 114	turn	32, 50, 136
theoretical chemistry	146	turn off	149
There 構文	154	twiddle	145
therefore	81, 83, 92, 93, 94, 108, 114, 160	twine	145
		twirl	145
thermochmistry	146	twist	145
thesaurus	34		
they	62	**U**	
think out	50, 152		
third	81, 84, 134	underground	142
this	86	understand	137
thotoughfare	71	unemploy	73
though	82, 83	unfeeling	37
thus	114	up and down	97
tie	145	use	14, 15, 19, 30, 51, 61, 64, 156
tighten	32	Use your head.	62
time	39	utilize	55, 68, 153, 157
tiny dot	56		
title	106	**V**	
to	60		
together	66	vacuum cleaner	141
tool life	47	value	53
topic	135	vibrate	139
torrent	34	vibration	16
touch	149	vocabulary	25
transform	54, 59	volume	128
transmit	69		

W

wait	39
wall socket	104, 141
warning	35, 146, 160
watercourse	34
waterway	34
we	62
We suggest	56
We understand	56
weak verb	14, 16, 139
wear	156
weight	66
welcome	18
weld	31, 32
well-known	34
when	60, 61, 82, 83
which	69, 70, 71, 75
wife	18
wind	33, 144, 145, 149
windscreen	104
windshield	104
winery	34
wish	137
word processor	104
work	34
work shop	34
wrap	48, 145, 146
wreathe	146
wrong	17, 18
wrongly	37

Y

yard	142
year	32, 128
yield	139
you	63
You and I	98
You-attitude	98
young and old	98

Z

ZIP	101
zoochemistry	146

接頭辞・接尾辞

接頭辞

a-	28
ab-	28
anti-	28, 29
bi-	28, 29
cir-	29
circum-	28
doc-	29
ferro-	29
pro-	28
pros-	29
tri-	29

接尾辞

-ble	125
-ceous	123
-cial	123
-cion	123
-dy	125
-geous	123
-gious	123
-ly	125
-mal	125
-sial	123
-sion	123
-sy	124
-tal	123
-tate	124
-tial	123
-tion	123
-tious	123

● 著者略歴

篠田　義明（しのだ よしあき）　　教育学博士

早稲田大学名誉教授。米国ミシガン州アナーバー市名誉市民。
早稲田大学商学部、理工学部大学院、教育学部大学院にて Business English、Science and Technical English、「英語表現演習」を担当。東京大学学部・大学院非常勤講師、Science and Technical English を指導。東京医科歯科大学、島根県立大学非常勤講師を歴任。現在、東京電機大学客員教授。ミシガン大学にて 1975 年から Science and Technical English 夏期講座担当。
日本実用英語学会会長、日本テクニカル・コミュニケーション学会会長、早稲田大学・ミシガン大学 TEP Test（科学・工業英語検定試験）運営委員長、日本商工会議所「商業英語検定試験」前専門委員、日本英語表現学会理事、日本時事英語学会前評議員。
官公庁や 100 社以上の企業で英語の実務文書（E メールの英語、ビジネス英語など）や科学技術論文や日本語のロジカルドキュメント作成法を指導中。

主な著書：

『ICT 時代の英語コミュニケーション：基本ルール』（南雲堂）、『賢い人の英語コミュニケーション法』（丸善出版）、『科学技術の英語』（早稲田大学出版部）、『テクニカル・イングリッシュ―理論と展開』『IT 時代のオールラウンド・ビジネス英語』（南雲堂）、『国際会議・スピーチに必要な英語』『パーティ・プレゼンテーションに必要な英語』『科学技術論文・報告書の書き方と英語表現』（日興企画）、『工業英語』（朝日出版社）、『英語の落し穴』『実務英語の Q&A』（大修館書店）、『コミュニケーション技術』（中公新書）、『ビジネス文 完全マスター術』（角川 one テーマ 21）など。

著作権法上、無断複写・複製は禁じられています。

英文書類や英語論文で必須の基本表現

	2015 年 4 月 21 日	1 刷
著　者――	篠田 義明	Yoshiaki Shinoda
発行者――	南雲 一範	
発行所――	株式会社 南雲堂	

　　　　　〒162-0801　東京都新宿区山吹町 361
　　　　　TEL　03-3268-2311　（営業部）
　　　　　TEL　03-3268-2387　（編集部）
　　　　　FAX　03-3269-2486　（営業部）
　　　　　振替　00160-0-4686

印刷所／日本ハイコム株式会社　　　　製本所／松村製本所

Printed in Japan　　乱丁・落丁本はお取り替えいたします。
ISBN978-4-523-26531-3　　C0082　　　　　[1-531]

　　　　E-mail　　nanundo@post.email.ne.jp
　　　　URL　　http://www.nanun-do.co.jp

ICT 時代の英語コミュニケーション：基本ルール

Effective Communication in the ICT Age

篠田 義明 著

早稲田大学名誉教授
日本実用英語学会会長
日本テクニカル・コミュニケーション学会会長

A5 判・186 ページ・本体 2,000 円＋税

官公庁や 100 社以上の企業で英語の実務文書作成を指導した著者が贈る、現代のビジネス英語に必須の英文メールや手紙を書く際に必要とされる最低限のルールをわかりやすく解説した現代ビジネスマン必携の書。

内　容

1. 単語の正攻法
2. 必須の論理構成
3. 必須英文法編
4. 守るべき句読法

〒162-0801
東京都新宿区山吹町 361
TEL　　03-3268-2384
FAX　　03-3260-5425

南雲堂

科学技術英文の論理構成とまとめ方

Writing Systematic Technical and Scientific Reports

共著
篠田義明　　早稲田大学名誉教授
J.C. マフィズ　ミシガン大学名誉教授
D.W. スティーブンソン　ミシガン大学名誉教授

A5 判・228 ページ・本体 2,600 円＋税

英語で科学技術文書を作成するのに必要な基本的な様式技法を、豊富な実例を用いて説明した英文作成マニュアル。

目次

- 1章
  文の効果的な作り方
- 2章
  目的を明示
- 3章
  文章構成の基本
- 4章
  解説文の構成
- 5章
  パラグラフの書き方
- 6章
  TEP Test の問題と解答

日本テクニカルコミュニケーション協会推薦！！

〒162-0801
東京都新宿区山吹町 361

南雲堂

TEL 03-3268-2384
FAX 03-3260-5425

篠田義明先生の本

科学技術英語の入門〈改訂新版〉
A5 判・122 ページ・本体 1,800 円＋税

工業英語として身近な話題、基礎的例文を左頁に掲げ、誤りやすい文法事項を図解式に解説し、技術英作文問題を各3題つけた。全30課。特に工専、理工系向き。

科学技術英語の基礎〈改訂新版〉
A5 判・90 ページ・本体 1,800 円＋税

理科系の学生に technical な話題を通じて英語の基礎を修得させる目的で編集。30 の独立したモデル文に、注釈・文法解説・作文問題をつける。巻末の3種類の索引は便利。

科学技術英語の構文〈改訂新版〉
A5 判・88 ページ・本体 1,600 円＋税

理科系の学生が、科学随筆、研究論文、実験レポートなどを英語で正しく読み書きする手助けとなるよう編集。『科学技術の基礎』とほぼ形式を同じくし、難易度がやや高いモデル文が収録されている。

科学技術英語の正しい訳し方
A5 判・227 ページ・本体 2,600 円＋税

科学技術英語を必要とする現場のビジネスマンや学生に必携の書。科学分野に頻出する構文や英訳・翻訳する際に特に注意する必要がある文法事項が詳しく解説されている。

科学技術英文の書き方セミナー
A5 判・214 ページ・本体 2,600 円＋税

いろいろな科学工業文を、正確・明快かつ無駄のない英語で表現する基本的方法とアプローチの仕方を詳述したものである。英作文が苦手な人にお勧めしたい。

テクニカル・イングリッシュ──論理と展開──
A5 判・182 ページ・本体 2,500 円＋税

第1章では工業英語の学習法と専門用語の扱い方を述べ、第2章では修辞面を具体例をあげて説明、第3章では効果的な表現とはどんなものか、悪い例と良い例の英文を示し理由を説明。

〒162-0801
東京都新宿区山吹町 361

南雲堂

TEL 03-3268-2384
FAX 03-3260-5425